摆/渡/者/教/师/书/架

让学生灵性成长

RANG XUESHENG
LINGXING CHENGZHANG

严育洪 管国贤◎编著

教育科学出版社

·北 京·

出版人　所广一
责任编辑　陈　琳
责任校对　曲凤玲
责任印制　曲凤玲

图书在版编目（CIP）数据

让学生灵性成长/严育洪，管国贤编著. —北京：
教育科学出版社，2011.6
　ISBN 978-7-5041-5711-9

　Ⅰ.①让…　Ⅱ.①严…　②管…　Ⅲ.①课堂教学—教
学研究　Ⅳ.①G424.21

　中国版本图书馆 CIP 数据核字（2011）第 058407 号

让学生灵性成长

RANG XUESHENG LINGXING CHENGZHANG

出版发行　教育科学出版社

社　址	北京·朝阳区安慧北里安园甲9号	市场部电话	010-64989009
邮　编	100101	编辑部电话	010-64989394
传　真	010-64891796	网　址	http://www.esph.com.cn

经　销	各地新华书店		
印　刷	莱芜市东方彩印有限公司	版　次	2011年6月第1版
开　本	169毫米×239毫米　16开	印　次	2011年6月第1次印刷
印　张	13.75	印　数	1-6 000册
字　数	234千	定　价	28.00元

如有印装质量问题,请到所购图书销售部门联系调换。

序
不把学生"教死"，让学生灵性成长

我们都知道，传统教学的"死结"更多地表现在两个方面，一是"以本为本"所造成的教学内容的死板，二是"以师为本"所造成的教学活动的死寂，最终导致把学生"教死"。

首先，**把学生"教死"，源自教师对教材地位的"死心"和"死信"**。教学内容的选择只以教材的编排为标准，教材说教什么就教什么，也不管学生"有什么"，只是一如既往地把学生当做什么都不知道的"容器"，把教材内容一滴不漏、一成不变地教给学生，如此就会造成"教死书"的结局。

"教死书"的另一种症状是，教师只会围于和止于教材有的内容教给学生，而不会走出课本寻找其他学科材料、走出课堂寻找其他生活材料，或充实教学内容，或调整教学内容，开阔学生的学习视野，提升学生的学习价值。这种"死抱书"的教学行为，只会造成学生学习的"近视眼"，看不到远处的风景。

其次，**把学生"教死"，源自教师对自己地位的"死硬"和"死守"**。教学环节的设置只以教师的思路为线索，教师说怎样教就怎样教，也不管学生"要什么"，只是一相情愿地把学生当做什么都能接受的"机器"，让学生跟着自己设定的教学程序运行，用自己的思维代替学生的思维，用自己的思想代替学生的思想，如此就会造成"死教书"的结局。

"死教书"的另一种症状是，教师只会惯于和限于自己有的设计组织教学，面对学生的生成常常感到惊慌失措，不会灵活地处理和利用学生的生成，借机调整自己的教学设计，迎合学生的需要，而只会强硬地维护自己的教学权威，维持原有的教学程序，把学生的生成硬生生地拉回到自己设定的教学轨道上来。这种"死抱权"的教学行为，只会造成学生学习的"奴婢心"，扬不出自己的风光。

所以，对学生而言，教学的理想应该是让学生能够灵性地成长；对教师而言，理想的教学应该是不把学生"教死"，这理当成为"以生为本"理念下教师的教学追求。

首先，**不把学生"教死"，其一种含义是不把学生教苦**。要让学生愉快地学习，教师就必须考虑学生"要什么"，基于学生的需要安排教学内容和设计教学活动。教师教学方式的设定，应该考虑学生需要怎样的学习方式，是接受还是探究，是自学还是听讲，是独立还是合作，是静思还是活动，等等。也就是说，理想的教学走向应该定在学生学习的最佳活动区。迎合学生的学习，才是学生向往的学习，学生才会学得很主动、很生动，没有教学的压迫感，学起来觉得不苦，当然也就不会出现"死学"的结局。

其次，**不把学生"教死"，另一种含义是不把学生教笨**。要让学生聪明地学习，教师就必须考虑学生"有什么"，基于学生的水平安排教学内容和设计教学活动。教师教学起点的设定，应该考虑学生已有怎样的学习起点，学生学习新知是否有充分的知识准备和心理准备，学生学习新知是否有先期的生活经历和预习经历，学生学习新知是否有足够的探究能力和消化能力，等等。也就是说，理想的教学难度应该定在学生学习的最近发展区。适合学生的学习，才是能够使学生意气风发的学习，学生才会学得有闯劲、有创劲，没有教学的压抑感，学起来觉得不笨，当然也就不会出现"学死"的结局。

然而，把学生"教死"的现象在平常教学中经常上演，学生的"死学"、"死做"、"死考"情况也比较严重，这很大程度上与教师放不下自己的姿态、放不开自己的眼界以及放不了学生的手脚、放不开学生的思想有关，这是教学存在的通病和顽疾。编写本书的目的，旨在完善或改善教师的教学行为，一是做到不"死教书"，二是做到不"教死书"，从而不把学生"教死"，让学生灵性成长。

为了能够说明教学中存在的"死形"和"死性"，也为了便于读者阅读和理解，克服唯理论是瞻的"攀高症"和被理论所缚的"恐高症"，本书的编写采用归纳和演绎相结合的写作方法，先论"理"后理"论"，在具体案例中触摸理论，在具体案例中归结理论，在具体案例中解释理论。

本书的编写采用由点及面、由例到理的框架结构，研究的起点是从学生在学习中暴露出来的"死学"和"学死"问题出发，从而产生一个"教师应该采取怎样的教学对策可以不把学生'教死'"的话题展开系列讨论，接着列举一个个特殊的、具体的、相应的教学活动现场，通过在应用时间上有先后、或在应用范围上有彼此、或在应用水平上有高低的两个案例的对比，进行教学的微格研究，从而让读者明辨其中的"活性"。

在具体行文中，我们还特别注意把"活教书"和"教活书"案例描述中的关键性"活点"用曲线画出和用加粗标出，以提醒读者注意其中的"活芯"，之后对一组案例进行比较性的"活性"分析，以让读者明确其中的"活理"。在文章的最后，在讨论即将结束之际，我们还对上述几组案例与分析进行概括性和综合性的总结，帮助读者更好地理清把书"教活"的总体思路，并提出一些具有更普遍意义的"活法"，这有助于读者在自己的教学实践中活学活用。

然而，限于编者水平有限，编写过程中肯定存在一些不足之处，恳请各位读者在阅读和实践过程中能够提出宝贵的意见和建议，我们不胜感激。

严育洪　管国贤
2011 年元月编写于无锡

目　录

A. 形式上，不"死教书"

B. 内容上，不"教死书"

A

形式上，不『死教书』

01. 学生：不容易一下子集中注意和一阵子保持注意，该怎么办？ ——

教师：让学生的注意"留住"

在教学中，教师常常为学生的注意不集中而分心，不得不经常停下来提醒学生，但往往作用不大、时效不长。同时，教师难以把注意力一直集中在教学上的困难，常常让教师顾此失彼，教学过程不时被打断，让教师感到神经紧张和精神疲惫。

在教学中，造成学生注意力不能长久保持集中的原因很多，学习时间的延长、学习内容的枯燥、学习方式的被动，都可能导致学生注意力的转移、分散和减弱。由此，怎样更好地"留住"学生的注意，这需要教师注意自己的教学艺术。

一、拍照片，让学生留意

活动现场 1

[做法 A]

一年级的写字课上，学生的写字姿势真可谓千姿百态：有的缩肩驼背，有的肩膀左高右低，有的"亲吻"桌面，还有的握笔如拿扫帚……看到这种情景，教师隔一段时间就提醒学生注意"一拳、一尺、一寸"。提醒后，学生的姿势端正了一会儿。然而过了一会儿，学生的姿势又不知不觉地歪了，教师只好再次提醒。结果，教师的屡次提醒成了"和尚念经"，让学生不胜其烦。

[做法 B]（提供：钱宇佳）

小学生难以持久注意自己写字姿势的场面在我的班中同样存在，让我很头痛。有一次，我灵机一动，悄悄地拿出数码相机，对着埋头写字的孩子们一阵抓拍，"立此存照"。随后，我播放了第一组照片，孩子们在大屏幕中看到了熟悉的身影，雀跃异常。

"你想给照片中的同学提点什么建议呢？"我话音刚落，孩子们纷纷举起了小手。小舟迫不及待地说道："谦谦，写字的时候不要趴在桌子上，眼睛离书本太近了！""奕熏，你写字的时候一定要身子坐正肩放平。时间久了会变成驼背老公公的。"晶晶好心地提醒道。班里很多小朋友听了，赶紧把身子挺了挺直。嫒嫒喊道："小屹的笔拿得太低了！"小家伙看得真够仔细的。

"是呀，如果想把字写得更好的话应该注意一寸的距离。"我不住地点头，"那我们来看看这几位小朋友的表现吧！"我趁热打铁播放了第二组照片。孩子们赞叹道："哇，伊蓁的姿势真好啊！"以恒径直站起来说："我要向这几个小朋友学习。"我微笑着对孩子们说："如果你的写字姿势正确，下次我也会把你拍下来。有没有信心？""有！"孩子们异口同声地回答，一个个显得劲头十足。

就这样，通过一张张真实的照片，变被动说教为互动自纠。一段时间以后，孩子们都掌握了正确的姿势，养成了良好的写字习惯。

活性分析

做法 A 中，针对学生难以长久注意写字姿势的问题，许多教师都是采用语言提醒学生，结果常常只能奏效一时。因为学生对教师总是使用的相同语句时间长了会产生"免疫力"，所以教师的好意提醒往往会成为"过眼烟云"，严重的时候还会让学生感到厌烦。俗话说，话过三句招人嫌，正是这个道理。过多的语言重复会让学生产生心理抑制，学生未必就"言听计从"。

做法 B 中，在学生听惯了教师的习惯用语后，教师突然采用"拍照片"的方法，既让学生感到新鲜，又让学生直观地发现自己或同学的姿势看起来不雅观，为了能够保持自己的美好形象，也为了能够保护自己的身心健康，学生在这种自我对照和相互对照中自然会心甘情愿地纠正自己的写字姿势。

二、唱歌谣，让学生留情

活动现场 2

[做法 A]

小学生特别是低年级学生的学习耐久力比较差，很容易分神，此时，很多教师会有节奏地一边拍手一边说唱"一二三，坐坐好"来组织教学。这种律动可以很好地让学生在"会意"中"回心"，然而日久天长，教师发现，这种单调节拍和固定说词的拍手歌学生也会听厌，效果会越来越弱。

[做法 B]

一位教师别出心裁地把原来"一二三，坐坐好"的常规用语替换成一句句《三字经》来组织教学。例如，这几天教师边说"人之初，性本善"边拍手，提醒学生注意，熟练之后教师只说前半句"人之初"，学生在回应"性本善"时集中注意。等学生已经能够脱口而出这一句后，教师在以后的日子里把口令再改成《三字经》的后一句"性相近，习相远"，依次延续。这样既能让学生避免听觉疲劳，又让学生记忆了《三字经》，一举两得。

活性分析

做法 A 中，对小学生来说，长久保持端正坐姿是一种比较高的要求。对此，一般教师也只能通过语言提示或动作暗示，例如教师用手臂在胸前一摆表示"请坐正"的语意，让学生注意自己的坐姿是否符合要求。然而，这种单调、统一、重复的提示语言或动作，会让学生越来越感到无味，学生也只是在无奈中纠正着自己的坐姿。

我们知道，《三字经》是学习中华传统文化不可多得的儿童启蒙读物，内容包括了中国传统的教育、历史、天文、地理、伦理和道德以及一些民间传说，三字一句的韵文极易成诵，言简意赅。不过，虽然《三字经》脍炙人口，但因为共有一千多字，学生一下子背诵也感到"为难"。做法 B 中，教师将《三字经》的语句作为学生坐姿的提示语，在学生感到有趣的过程中，一方面快乐地纠正坐姿，一方面在每天的听说和积累中记住了《三字经》，真是一举两得。

三、演手势，让学生留神

活动现场 3

[做法 A]

新学期开始不久，一位一年级教师教学"认识 1~10"，当她在黑板上的日字格中示范数字的写法时，学生因为早已在幼儿园学过和写过，所以都感到没有兴趣，许多孩子自管自地在下面做着自己感兴趣的事情。尽管教师提醒了几遍"小朋友，请注意老师的写法！"却依然唤不起学生的注意。

[做法 B]

同样教学"认识 1~10"，一位教师转身在黑板上的日字格中示范数字的写法时，发现好多学生并没有看着自己板书。于是，她心生一计，让学生举起手来，跟着自己的板书一起书空。于是我们看到这样的生动场面，学生眼随手动，都昂首紧盯着老师写的过程，一双双小手一起有节奏地挥动着。

活性分析

做法 A 中，学生之所以注意转移，一是因为教学的知识学生已经有所了解，于是没了重新学习的兴趣，也就不太会注意其中包含着一些新的内容；二是因为教师板书时背对着学生，这时正好是学生开小差的时机，有经验的教师都知道，此时学生分神是大概率事件，所以一般情况下教师会侧身边板书边观察学生的反应。

做法 B 中，这位教师更有经验，她知道要让学生注意自己的板书，一个主动的办法是让学生跟着自己一起运动。在教学新知时，教师经常要范写一些生字、板画一些图形，如果让学生养成举手跟着老师的板书一起书空的学习习惯，既可以让学生及时练习和巩固知识，又可以使学生的注意集中在自己的举动上而消除思想散漫的可能。

四、挑毛病，让学生留心

活动现场 4

[做法 A]

一节课中，我板书例题时，几名学生起身道："老师，你抄错数了。你把405 抄写成 504 了。"我一看，可不是嘛，灵机一动："我非要用课本上的数字吗？""啊？可以随便更改数字？"有学生在小声嘀咕。我一听，不得了，如果这样，以后的学生遇到不会做的题，任意增加或更改条件，那该怎么办？到时候，学生的理由也很充分，老师就是这样。不能任其发展。我不好意思地笑了笑："对不起。"我顺手把 504 改写成 405。

谁知又站起一名学生："老师，这样不行，请您写错因。"我和学生有一项约定：无论在作业中还是考试中出现了错题，无论是谁，都要在错题的旁边写出错因，然后再订正。我郑重其事地说："同学们，老师也有犯错误的时候，刚才我抄题时精神不集中，没有仔细看清数字，导致抄错了数字，下不为例，请同学们监督。"我的话音一落，教室已是一片掌声。我实在没想到，学生是那么在意，那么容易接受老师的检讨，老师的保证在他们心中是那么重要！

[做法 B]

我在教学中也经常说错话、写错字、算错题，起初被学生指出来时感到很尴尬，觉得很没面子，于是也会寻找一些借口搪塞，但我总是看到学生一种怀疑的眼神，更让我感到脸红。

经过深思熟虑，我决定一方面公开"犯错"，真诚地承认自己的错误，另一方面故意"犯错"，诚恳地欢迎学生能够指出来。于是，我在一些需要引起学生注意的地方（例如知识的关键处、知识的转折处、知识的混淆处）故意出错，让学生发现后指出来。同时，为了鼓励学生敢于指出老师的"错误"，我给这些勇敢者的平时成绩加分。于是，学生在课中时时处处盯着我的一言一行，寻找着我的"错误"，并能为及时指出来且获得加分而感到兴奋和光荣。

活性分析

做法 A 中，教师在教学中出错其实是很正常的事情，因为教师在教学过程中经常需要一心两用，例如一边讲解一边要注意下面学生的倾听情况，一边板书一边要注意背后学生的观看情况，由此就可能使教师发生说错话、写错字、算错题的"错误"。知道了这一点，教师就不必为"犯错"而难过，也不必为学生指出"错误"而难堪。

做法 B 中，教师从自己"犯错"行为中发现了可以大做文章的教学资源，例如当教师看到学生在发现和指出教师"错误"时会异常兴奋，于是决定公开自己的"错误"，让学生看到老师与他们一样也会犯错，进而故意"犯错"，鼓励学生大胆指出来，促使学生前所未有地擦亮眼睛，更加留心教师的教学过程，这是教师"犯错"所带来的积极效应。

我们教师应该知道，学生之所以在发现和指出教师"错误"时有一种兴奋感，是因为平时只有教师才有资格发现和指出学生的错误，学生只有承认错误和改正错误的义务。此时，学生发现教师也会"犯错"，还经常"犯错"，他们压抑的情感就会被释放出来，这是学生的一种正常心理，教师没有必要对此大惊小怪。相反，聪明的教师就会充分利用学生的这种"报复"心理，引导学生在快感中密切注意教师的言行，使其演变成学生专心学习的一种思想"抱负"。

—— **活学活用** ——

在采用"引起注意"教学策略，以追求最终"不把学生教死"之良好教学效果的过程中，教师可以从以下几方面进行考虑。

活法 1：留给学生好看的形象

人为悦己者容。人都是很在意自己在别人眼中的形象的，都想给别人留下好的印象。另外，学生受周围环境的影响也比较大，喜欢与周围的同学竞争比试，以求能够保持相同的追求。一般情况下，学生无法看到自己在别人眼里的印象，于是也就不太会注意自己平常的形象，例如上述"活动现场1"中所描述的写字姿势。

与普通教师做法不同的是，上述"活动现场1"的做法B中，教师用照相机把学生的写字姿势拍成一张张照片后，就如同有了学生可以对照的一面面"镜子"，从中看到自己留在别人眼中的影像，并在与周围同学写字姿势的对照中很容易发现自己存在的问题，所以这种教师"拍照"提醒学生的效果要远胜于教师"拍手"提醒学生的效果。

活法2：留给学生好听的言辞

人都喜欢听好话，但当相同的话听多了，哪怕是好话，学生也会产生听觉疲劳。此时，不尽相同的、不断变化的好话才会不断刺激学生的听觉神经，把学生的耳朵叫醒，重新引起学生的有意注意。

例如上述"活动现场2"的做法B中，教师把组织学生坐姿的常规提示语言改成了学生没有听过的《三字经》中的语句，当学生听熟后接着换成下一句，学生在不断地尝鲜中，不断刷新着自己的听觉，继而学生在不断地注意中，也不断更新着自己的坐姿，最后学生在不断积累中，还不断创新着自己的知识。

活法3：留给学生好动的引导

人都好动。只是学生的"好动"应该活动在学习知识之中，否则只会是"乱动"。我们都知道，"动"则"活"，一是能够使学习气氛活跃，二是能够使学生思维活跃。其间，一旦学生开始"手动"，必定紧跟着"眼动"，之后的生理反应必定是"心动"，达到专心致志学习的理想效果。

例如上述"活动现场3"的做法B中，教师在自己书写的时候要求学生也一起书空，这种做法就很聪明。因为教师知道，只要学生的手臂能够举起来，学生的眼睛也就必定看过来，最终在学生注意的联动中实现"眼随手动"和"心随手动"的生动效果。

活法4：留给学生好演的舞台

人都好表现自己。学生的表现欲望也是很强的，只要教师愿意为学生提供表现的机会和舞台。如果在这个舞台上，表演角色不仅有学生，还有教师参与的话，那么就更容易产生互动的局面，让学生更加注意自己的表现，最大程度地发挥自己的主体作用和知识才能。

例如上述"活动现场4"的做法B中,教师能够正视自己的错误,让学生知道教师也会犯错误,从而能够正视自己的错误,也就更敢于指出教师的错误。更高的舞台是,教师竟然在一些需要学生注意的地方故意"犯错",把舞台变成鼓励学生发现和指出老师错误的"靶场",还给学生加分奖励。这种场合下,教师的一个个"错误"无不让学生注目,成为凝聚学生注意力的长效手段。

02. 学生:常会出现身在"课"内、心在"课"外的现象,该怎么办?——

教师:让学生团结"一心"参与学习

在教学中,学生首先是一个个学习的独联体,每一个学生的性格特征、智力水平、知识层次以及意志能力都存在着一定的差异,这种差异会让学生在学习中表现不一样和表现不一致,有利的是促使教学错落有致和此起彼伏,不利的是导致教学错综复杂和顾此失彼。

然而,作为班集体授课,学生又应该是一个学习共同体,教学很多时候有着共同的利益,需要学生注意的集中和主意的集思,要求学生能够把精力放在教学的紧要部位和知识的精要部分,抓住教学的主体环节和知识的主要关节,最大程度地保证学生全部参与学习活动和全面掌握所学知识,在"团结一心"中把最主要和最重要的知识尽收"囊"中。

一、让学生在探究前"预热"

活动现场 1 **数学·"认识平面图形"**(提供:陆亚明,熊锦英)

[做法 A]

(导入新课后)师:"老师为每组同学准备了一份礼物,大家想玩吗?"

生:"想!"

师:"这份礼物在组长的课桌里,请组长拿出来,小组同学自选一种玩一玩……"

没等老师把话说完,学生们你争我夺,自顾自摆弄起来。

师:"请大家静一静,先听老师把话说完……"

学生没有听进老师的话,还是兴致勃勃地摆弄玩具。

[做法 B]

另一位教师在教学这一内容时,课前就把这些材料发放到学生手中,让他们先玩一玩,获得充分的感知。

正式上课后,教师首先问学生:"你们知道老师为什么给大家发玩具吗?"在学生的猜测中,教师再次问学生:"请大家仔细观察手中的玩具,你发现了什么?"在学生的观察中,教师最后问学生:"谁有办法把这些平面图形搬到纸上?"引导学生在讨论和思考中探索"面由体得"的方法并展示"面由体得"的成果。

活性分析

做法 A 中，为了让学生充分体验"面在体上"和"面由体得"，教师在课前给学生准备了很多操作材料，如积木、印泥、尺子等，这些材料极大地引起了小学低年级学生的兴致。

儿童心理学告诉我们，学龄儿童对新鲜事物和色彩鲜艳的物品有着强烈的探索欲望和探究兴趣。所以当这些形状各异的操作材料一出现，学生的无意注意就被它们牢牢地吸引，产生了迫不及待想玩一玩的欲望，哪里还顾得上细听老师的教学要求。

做法 B 中，教师准确把握学习材料的呈现时机，根据学生的心理特点和年龄特征，先把操作材料当做玩具放在课前让学生"预热"一番。当学生玩过瘾后，上课时就不会再把注意放在玩具的"玩"上。随后，教师可以通过引导，把学生的视线由"玩"引向"思考"——"对呀，老师发玩具有什么目的?"然后把学生的视线由"观察"引向"发现"——"咦，玩具上有什么?"最后把学生的视线由"发现"引回到"思考"——"我到底用什么办法才能给这些平面图形搬家?"这样就能把全体学生的全部注意都集中在玩具的学问上，使"玩具"真正变成"学具"。

二、让学生在做题时"呼应"

活动现场 2

[做法 A]

在平常的教学中，当学生做练习题时，特别是在作业本上做数量比较多的题目的时候，尽管教师布置作业时说得很清楚，甚至千叮咛万嘱咐学生要做哪些题目，但总会有一些学生不是做了别的题目，就是少做或多做题目，让教师常常为这样的事情而感到头痛和不解。

[做法 B]

一位教师准备让学生做题前，在布置"第几题"时，要求学生能够与之呼应，随即一起报出老师刚刚所说的题号。

于是，我们就会看到这样的场面，当教师刚说完"第几题"，全班学生马上异口同声地说"第几题"，结果他的学生没有出现如做法 A 中所出现的有些学生做题时颠三倒四或丢三落四的现象。

活性分析

做法 A 中，之所以有些学生会出现做了别的题目、少做或多做题目的"粗心"和"无心"现象，其中一个原因是这些学生的注意力不集中，没仔细倾听教师的做题要求；此外，还有一个原因是教师常常不注意的，那就是教师"千叮咛万嘱咐"的不放心，让学生的心里产生了抑制现象。心理学上的"超限效应"表明，教师并不是说得越多，学生接收的和接受的就越多，很多情况下呈现出边际效用递减趋势，教师说出来的越多，学生听进去的越少。

做法 B 中，教师采用让学生与自己呼应的做法，可以起到让学生在回应中集中注意力的作用，如果此时有一些学生还没回神或还没留神，那么紧接着的其他同学的异口"同声"，就可能会迫使他们"回心"与"转意"，促使他们由此而听清楚和记清楚。简单的一句"报号"，成了唤住全体学生心思的强劲学习"信号"。

三、让学生在游戏中"互动"

活动现场3 数学·"用分数表示可能性的大小"

[做法 A]

在"用分数表示可能性的大小"课尾，一位教师模仿中央电视台的《非常6+1》节目，设计了"砸金蛋"的知识游戏：小黑板上贴了用纸做的5个"金蛋"，其中有两个"金蛋"后面写着"奖"字，谁砸到有"奖"字的"金蛋"就能获奖。

教师选了一个女生上台"砸金蛋"，砸之前，教师先让她回答"中奖的可能性是多少？"学生回答"五分之二"正确后砸蛋，结果是个"空蛋"。接着，教师又选了一个男生上台"砸金蛋"，砸之前，教师问了相同的问题，学生回答"二分之一"正确后砸蛋，结果又是个"空蛋"。教师不动声色地又选了一个学生"砸金蛋"，结果又是个"空蛋"，此时，教师感到惊奇。最后，教师又叫了一个男生和一个女生同时上台，根据备课中的预设问他们"谁想先砸？"结果学生说无所谓，因为最终都能中奖。教师无言以对。

[做法 B]

另一位教师在"用分数表示可能性的大小"课尾，也设计了同样的"砸金蛋"游戏，只是他设计了"题中题"和"问中问"的连环套，巧妙地引导了更多的学生参与活动，在无形中促使学生参与了更多的练习。

首先，在选择学生上台"砸金蛋"的名额上，并不是由教师指定，而是把全班所有学生的学号写在一张张小纸条上，并放在一只盒子里让学生抽取，当然在抽取幸运儿前，学生先得回答教师提出的"抽中你的可能性是多少"的知识问题。

接着，教师通过随机抽取学生学号的方式抽中了两名学生上台"砸金蛋"，在"砸金蛋"前，他们又得先回答教师提出的"中奖的可能性是多少"的知识问题。然后在"谁先砸"的实际问题上，教师让学生思考"怎么决定顺序比较公平？"于是学生根据经验提出了猜球、抛币、划拳等方法，教师趁机让学生复习前面已经学过的猜球和抛币中的可能性大小的问题，又让学生研究前面没学过的划拳中的可能性大小的问题。等研究活动结束，"砸金蛋"游戏才继续进行。

活性分析

做法 A 中，教师模仿中央电视台的《非常 6 + 1》节目，这种移花接木的练习形式学生非常喜欢，参与热情非常高。"砸金蛋"游戏，让学生运用所学知识计算中奖的可能性，寓知于趣，一切显得非常自然。只是这次教学出现了偶然性的极端现象，前三次都砸空，让教师感到惊奇，其实，这就是概率的神奇之处。教师应该有这样的思想预期，知道这一点知识，并且借此向学生渗透"必然中有着偶然"的哲学思想。

做法 B 中，教师赋予了一个小游戏活动以大容量知识的多重教学功能，不仅在游戏的内容中包含了所学知识的运用，更有意思的是在游戏的组织上也用上了所学知识，一是上台参加游戏的人选，变"教师指定"为"学号抽取"，二是上台参加游戏的顺序，变"自己说定"为"公平争取"，随时随处练习了可能性知识，大大提升了游戏的知识品位。更可贵的是，这样的游戏组织形式还可以促使更多的学生参与其中，齐心完成游戏活动，合力完成学习任务。

四、让学生在回答后"传递"

活动现场 4

[做法 A]

在平常的教学中，特别在小学低年级数学课上，对一组类型和难度基本相同的题目，特别是一些能够口算的题目，教师常常喜欢采用"开火车"的方式，让学生按照组次依次逐个快速回答。

这种方式流行的原因，一是操作比较简单，教师只需一声令下，学生就能自动按照"程序"运行；二是教师认为如此让学生"紧凑"地排队解答题目或回答问题，可以有效节省教学时间。

[做法 B]

一位教师在让学生口算一组题目时，并没有采用一般教师常用的"开火车"形式，而是采用了让回答学生自己选择"接棒人"的传递方式开展答题的接力活动。

开始时，教师先叫起一名学生回答第一道口算题，结束后让这个学生自己选择叫起另外一个同学回答第二道口算题，之后再由第二个学生选择叫起另外一个同学回答第三道口算题，依次延续下去，直至完成全部习题。

活性分析

做法 A 中，教师按照学生座位排列顺序，让学生一个接一个地回答问题或解答题目，这就是传统的"开火车"。这种形式虽然可以节省教学时间，但也存在着很大的弊端，那就是学生对答题的"进度"心知肚明，他们可以根据教师指定的顺序和题目的总数很快地推算出自己会不会轮到回答。

如果算到会轮上，他们又很清楚地知道自己该回答哪道题目，于是可能造成他们不算其他的题目和不听其他学生回答的题目，而只算好自己"分内"要回答的题目等待回答；如果算到不会轮上，他们就会安静地只听不算甚至不听也不算，安心地做其他事情，成为学习活动的旁观者或者局外人。

做法 B 中，教师虽然仍然采用让学生一个接一个地回答，但与传统的"开火车"不同之处在于，下一个回答的学生是由上一个学生选择的，之前谁也不知道下一个会点到谁回答，于是全体学生只能时刻准备着被叫，并时刻准备着思考问题和回答问题。另一个好处是，对于拥有选择"接班人"权力的主叫学生，会有一种荣耀感，而对于被叫学生，则会有一种幸运感。

除了以上措施，为了避免学生不听或少听前一个被叫学生的回答，而自顾自提前思考后面问题的学习不同步现象，教师可以不一下子提供所有的题目，或者不一下子提出所有的问题，而是做一题或问一题后再出示下一题，这样就可以迫使所有的学生只能把所有的注意都放在同一题上。

—— 活学活用 ——

在采用"团结一心"教学策略，以追求最终"不把学生教死"之良好教学效果的过程中，教师可以从以下几方面进行考虑。

活法1：提升"人气"

教学实质上是教师与学生、学生与学生之间的交往与交流过程，是人参与学习活动的过程，所以，教学也是一门人学。理想的教学应该是全体学生共同参与与共同进步的互动与互补过程，也就是说，活跃和活动的教学需要提升学生的"人气"指数。

要提升学生参与学习的"人气"指数，对教师而言，首先要提升自己的"人气"指数，赢得学生的理解、接受、认同和支持。教师的"人气"指数的高低，与教师的形象、修养、学识及适应能力等密切相关。

一是语言有度。艾青说过："人人心中都有一架衡量语言的天平。"在与学生的交往中，教师应该做到谈吐不俗，张力磁性兼具，严厉里有关爱，平和中显睿智，幽默风趣，耐人寻味，不当说的坚决不说，必须说的一定要说深说透。

二是行动有准。教师的行为带有前导性、示范性，故而断不可小觑，而必须恪守教师行为规范，身正为范，学高为师。

三是心里有谱。一位作家说过："比海更宏伟的是天，比天更宏伟的是良心。"教师的良心源自向善趋好的健康心理，光明磊落的心理会给学生撑起一方晴空。所谓"有谱"，就是不忘"为人师"这根弦，不忘学生这个"本"。

要提升学生参与学习的"人气"指数，对学生而言，首先要能够"专心"和"聚精"，听清、看清、想清教师和同学的所说、所做、所思。当学生"专心"和"聚精"后，他们才能更好地"致志"学习活动，才能更好地"会神"学习内容。但要把全班几十个学生的眼神都聚集在一起，要把全班几十个学生的心思都凝结在一起，并不是一件容易的事，需要教师具有一定的调控艺术。

例如"活动现场2"的做法B中，教师让学生养成做题目前一起报题号的习惯，不仅提醒着自己，同时也提醒了其他同学，特别是一些心不在焉的学生，在大家的报号声中能够听到或听清要求。

又如"活动现场3"的做法B中，教师通过改变游戏活动的组织形式，一是增加了活动对象的选择面，让学生都有被"选"的可能；二是增加了师生之间的互动面，让学生都有被"动"的可能。如此，可以使全体学生感到事都关己，从而积极主动地参与游戏活动和学习活动。

活法 2：凝聚"人心"

当教学行进到知识的重点和难点的地方，鉴于此处属于教学的关键环节和主要环节，学习的成败在此一搏，所以需要学生能够团结一心，坚定地展开知识的攻坚战，获取坚实的知识成果。

首先，要让学生一心"向"着知识，有明确的学习目标，在之后的学习活动中能够始终不远离、不偏离学习目标，这样才会不浪费时间，才会不浪费精力，使学习达到低耗。

例如"活动现场 1"的做法 B 中，教师把原本课中的环节前置到课前，是为了让学生有足够的时间摆弄学具。等学生玩兴渐消、情绪稳定之后，教师再提出学习要求，学生就不会再由于对学具的好奇心而分心，而会一心一意地根据教师的引导把精力放在知识目标上。

其次，要让学生一心"想"着知识，有清晰的学习意识，在之后的学习活动中能够始终牵挂、寻觅所学知识，这样才会最大可能地获取知识，才会最大程度地巩固知识，使学习达到高效。

例如"活动现场 3"的做法 B 中，在整个游戏活动的每一个关键处和细节处，教师都深藏着所学知识的种子，学生都可找到所学知识的影子。其中有些知识设置属于外挂式，比如先让学生解答由教师提出的知识问题"中奖的可能性是多少"后再玩游戏，这种外部嵌入式的知识设置使得学生不必解决教师提出的知识问题也能够玩游戏；有些知识设置属于内联式，比如学生先要解决自己遇到的知识问题"怎么决定顺序比较公平"后才玩游戏，这种内部发生式的知识设置使得学生必须解决自己遇到的知识问题才能够玩游戏。

活法 3：烘托"人物"

要让教学活动能够很好地提升学生的"人气"和凝聚学生的"人心"，还有一点值得教师注意，那就是必须突出学生学习的主人地位。首先，教师要让学生感到学习是有关自己的事，其次，教师要让学生感到学习是属于自己的事。

当学生有了学习的"自我"意识后，教师接下来就可以促使学生"自己的事情自己做"。在学生学习的"地盘"上，教师应该给予学生自主的权利和自主的机会，让学生能够"我的地盘我做主"，这样才能让学生在学习活动中更多地、更好地抛头露脸，成为有头有脸的"人物"。

例如"活动现场 4"的做法 B 中，教师没有包办学生回答问题的人选，而是通过改革"开火车"这种类似流水线的形式，把选定回答学生的点名权给了上一个回答问题的学生，这样就填补了"开火车"活动存在的漏洞，让"选人者"有了一种可选人的光荣，让"入选者"有了一种被选中的光彩，其中不仅增加了学生与学生之间的知识联络，而且增加了学生与学生的感情联络。

03. 学生：面对冷漠的知识常常表现比较冷淡，该怎么办？——

教师：让教学变得"含情脉脉"

知识本身是无情的，但知识教学却应该是有情的。因为教学从本质上讲是一种教师和学生、学生和学生、学生与知识之间情感交往和思想交流的过程，所以，知识在教学中不应只有很重的"文气"，还应有着很高的"人气"，也可以做到"含情脉脉"，让学生触摸知识时感觉不再冷漠，让学生学习知识时表现不再冷淡，这样的教学才是有情教学。

一、送出一份温暖，让学生感到"有爱"

活动现场 1 数学·"10 的分与合"

[做法 A]

一位教师在教学"10 的分与合"之后的练习阶段，在屏幕上打出了一些标注着不同价格（均为不超过 10 元的整数）的物品，提问："用 10 元钱可以正好买到其中的哪两件物品？"以此复习数字 10 的分与合知识。

[做法 B]

一位教师在教学"10 的分与合"之后的练习阶段，提供的一些标注着不同价格（均为不超过 10 元的整数）的物品，并且是实物，例如标注"1 元"的铅笔、标注"5 元"的油笔棒、标注"3 元"的彩纸、标注"9 元"的文具盒……然后提问学生"用 10 元钱可以正好买到其中的哪两件物品？"在选择回答对象时，教师多把机会给了一些家庭经济有困难的学生和一些学习有困难的学生，并且把他们选择的物品作为奖励送给了这些学生，他们拿着得到的奖品无不感到温暖与幸福。

活性分析

做法 A 中，教师提供练习的物品的主要价值是让学生体会到学习的知识能够运用于生活，并在解决实际问题中复习巩固所学的知识，所以这些物品的教学价值更多地体现在知识层面上，学生学习的喜悦更多的是一种顺利解决问题后的成功感。

做法 B 中，教师提供的不是那种只能让学生"看得见却摸不着"的虚拟的物品图片，而是一些实实在在的"有用"的学习物品。当然，作为学生学习的一种媒体，物品的真假在此并不妨碍学生对知识的学习。然而，教师接下来对物品的处理方式，却让物品的真假对学生心理的影响有了不同的价值取向。这些作为"道具"的物品，虽然价格并不高，不超过10元，但如果作为奖品，对学生而言就意义非凡。进一步地讲，如果奖给那些家庭经济有困难的学生和那些学习有困难的学生，则意义更加重大，这种意义更多地体现在情感层面上。所以，这些学习用品的"有用"，不仅仅在于是能实际使用的"真物"，更在于其中浸润着教师的"真爱"。

二、抽出一次机会，让学生感到"有幸"

活动现场 2

[做法 A]

许多教师会经常郁闷，上课时有的学生不爱发言，就是会回答的问题也不举手，分析其原因大多有两点：个别学生平时就不爱说话，发言也就不积极；还有的学生表达能力不强，不知怎么说。这样下去教学就变成了独角戏，好像教师只教了那些爱发言、爱表现的学生。

[做法 B]（提供：李战云）

我在上课时也经常遭遇上述尴尬局面，后来想出了一个办法，上课随身携带的除了课本、备课本，还有一个自制的签盒，里面装着每个学生的名签（硬纸条制作）。需要学生回答问题时，我就从签盒里随机抽取一张名签，上面写的是谁的名字，就由谁来回答问题。

我提了第一个问题，只有几个学生举手，我就拿起桌上的签盒摇了几下，然后从中抽取一张硬纸条，照着纸条上的名字念，立刻有个学生站起来回答了问题。学生回答得很好，我向他竖起了大拇指。随后，每提一个问题，我都采用这种方式叫学生来回答。事实证明，这样的"幸运抽点"提问法对于高年级学生十分奏效，不仅调动了学生思考问题的积极性，还让学生养成了良好的思考习惯。

班上的小海原来不爱发言，有时叫他起来回答问题，他总是心不在焉、答非所问。自从实施抽签提问法之后，我发现他的学习兴趣有所提高，毕竟这不是老师逼着回答，而是幸运抽中的。在好运气的心理作用下，谁都愿意一展风采、"火"上一把，小海就是在这种心理状态下学会思考、学会回答、学会展示的。

做法 A 中, 课堂上, 有机会回答问题的只是少数学生, 因而这少数学生就越来越优秀。那些胆小的、不善言辞的学生几乎没有机会, 因而胆子越来越小、表达能力越来越差。所以, 课堂教学中, 教师应该想方设法给那些发言不积极的学生提供锻炼自己、表现自己的机会, 提高表达能力, 从而避免"一言堂"现象的发生。

做法 B 中, 这种随机抽学生回答问题的方法公平公正, 让胆子小、不敢说的学生在"这么巧"的运气心理作用下, 不知不觉地增加了表现的信心和机会。学生为了表现好, 就会提前预习、认真听讲、积极思考。这样, 不仅调动了全体学生学习的积极性, 而且也使得那些胆小的、不敢说的学生有机会突破自己、提高自己。给学生一次平等地回答问题的机会, 就好像给了学生一个"中奖"的机会。

三、贴出一方天地, 让学生感到"有戏"

活动现场 3 数学·"面积和面积单位"

[做法 A]

一位教师在教学"面积和面积单位"的课中, 对一些表现好的学生时不时地奖励一些小的红五星贴在他们的额头上。一节课下来, 许多学生的额头上都能"红光闪闪"。

[做法 B]

一位教师在教学"面积和面积单位"的课前, 事先发给每个学习小组一张面积为 1 平方分米的正方形白纸。课中, 时不时地对一些表现好的学生所在的小组奖励一些面积是 1 平方厘米的红色的小正方形纸, 让他们整齐地贴在自己小组的那张面积为 1 平方分米的正方形白纸上。

结果一节课下来, 各个小组的正方形白纸上贴了数量不等的小正方形。其中, 一些得奖比较多也就是贴得比较多的小组学生通过观察与推理, 发现如果贴满这张面积为 1 平方分米的正方形纸, 可以贴 100 个面积为 1 平方厘米的小正方形, 于是初步感觉到"1 平方分米 = 100 平方厘米", 形成了一种猜想, 为下节课"面积单位之间的进率"的教学作了知识和情感上的孕伏。

活性分析

做法 A 中, 教师使用了常见的奖励手法, 在表现好的学生的额头上贴一个红五星，这种奖励方法比较多地应用于幼儿园和小学低年级学生身上。然而，随着使用次数的增加和学生年龄的增长，这种奖励在学生身上的作用力会越来越弱，尽管学生额头上一片"红光闪闪"，但并不代表学生一定"红光满面"，因为学生对越来越熟悉的东西会越来越不感兴趣，于是这种奖品会逐渐沦落为被学生抛弃的一张废纸。

做法 B 中，教师寓趣于知、寓知于奖，把学生常见的奖励用品"红五星"改成了本节课中的学习用品"正方形纸"，此时虽然奖品功能相同，但形态不同，会给学生一种新鲜感。重要的是，变化后的奖励方法的前所未有的先进之处体现在，一是它具有评价的整体功能，奖励给学习小组，有利于发挥学生的团队精神；二是它具有知识的发展功能，巧妙地把知识孕伏在评价中，为以后的教学牵线搭桥。

四、补出一种荣誉，让学生感到"有劲"

活动现场4 数学·"求最大公因数"

[做法 A]

一位教师在教学"求两个数的最大公因数"时，按照教材编排先让学生用列举法分别写出两个数的因数，然后从中找出两个数的最大公因数。此时，有一个学生发现了一种比较简捷的方法，他认为只需要列举出两个数中一个比较小的数的因数，然后从大的因数开始判断是否同时还是另一个大数的因数，如果符合则这个因数就是两个数的最大公因数。对此学生的发现，教师表示加以表扬，并积极推广。

[做法 B]

一位教师在教学"求两个数的最大公因数"时，在采用两次列举之后，也有学生发现上述简捷方法。只是教师对学生这种新的发现，在赞扬的同时还用这个学生的名字命名为"×××方法"，并在下面的练习中，教师时常提起"×××方法"进行宣传与推广。教师的这种教学行为让这名学生有点受宠若惊的感觉。

活性分析

做法 A 中，学生对于方法的探索和使用都有着一种追求简捷方便的本能和动能，教师应该积极成全学生的这种追求"进步"的学习心理，积极引导，积极鼓励，积极推广，这也理所当然地应该成为教师教学的更高追求。

做法 B 中，教师把学生自己"发明"的一些方法视为学生的学习"创造"而高度重视与支持，于是并没有简单和机械地因"材"施教——根据教材规定来命名学生发现的方法，而是灵活和生动地因"才"施教——根据人才表现来命名学生发现的方法，这种"×××方法"或"×××发明"的命名对当事学生无疑是一种荣誉，让学生感到信心百倍，也让其他学生有了学习的榜样。同时，这种具有人情味的命名方法更能让学生回味无穷和念念不忘。

—— 活 学 活 用 ——

在采用"有情支持"教学策略，以追求最终"不把学生教死"之良好教学效果的过程中，教师可以从下面几方面进行考虑。

活法1：让学生学习感到"幸喜"

现在的课堂教学，学生常常缺乏一种幸喜感，有的只是学习气氛的平静，有的只是学习内容的平淡，有的只是学习表现的平凡。这大多缘于我们的教学缺乏那种能够让学生感到欣喜的"故事"，而这，现在已经引起教师的注意，正在为我们的教学注入一种青春的气息。

更进一步看，我们的教学还应该能够有让学生感到惊喜的"好事"。教学不仅仅是让学生获得习知的满足，还应该让学生获得做人的满意。前一种让学生获得满足的教学，是知识层面的要求，而后一种让学生获得满意的教学，则是情感层面的要求，其教学的效果无疑更好。

例如上述"活动现场4"的做法B中，教师用学生名字来命名学生发现的方法，学生不再只是满足于发现了解决问题方法的欣喜，而是满意于教师用自己的名字来命名方法的惊喜。可以说，这种情形之下，学生学习的意义不再只是发现了方法本身，而更在于发现了自身的价值。

活法2：让学生学习感到"幸福"

现在的课堂教学，学生常常缺乏一种幸福感，有的只是白纸黑字的无情，有的只是光听不说的无聊，有的只是死记硬背的无奈。这大多缘于我们的教学缺乏那种能够牵动学生神经的情趣味，而这，现在已经引起教师的注意，正在给我们的教学创设一种诗意的栖息。

更进一步看，我们的教学还应该能够有感动学生心灵的人情味。教学不仅仅是让学生感到习知的快乐，还应该让学生感到做人的尊严。如果前一种让学生感到快乐的教学，算是一种"有意思"的教学的话，那么后一种让学生感到尊严的教学，则是一种"有意义"的教学，其教学的境界无疑更高。

例如上述"活动现场1"的做法B中，如果教师只是简单地把教具作为学习的材料，那么这种教具充其量只是一些冷冰冰的没有感情色彩的物品。而此时，教师把这些教具升温为包含着教师一片深情的"礼物"，送给那些需要的学生，得到"礼物"的学生怎么会不感动呢?! 在感动的心情下学习，学生怎么会学不好呢?! 这样的教学将会是一种幸福的教学。

活法3：让学生学习感到"幸运"

现在的课堂教学，学生常常缺乏一种幸运感，有的只是教师指导的引力，有的只是自己奋斗的努力，有的只是同学互助的合力。这大多缘于我们的教学充满着许多让人感到意料的"人意"，日益让学生有一种中套的麻木感觉，而没有一点儿让人感到意外的"天意"，能够让学生有一种中彩的麻辣感觉。

例如上述"活动现场2"的做法B中，教师把原来由自己指定学生回答问题改成由抽签决定学生回答问题，巧妙地让学生感到自己回答问题不再是一种"人意"，而是一种"天意"，如此神助般的美妙感觉，有助于唤起学生的自信，有可能促发学生的超常发挥，出现教学的奇迹。

04. 学生：有时感觉学习因材料和头绪太多而显得忙乱，该怎么办？——

教师：让学生的学习在"以少"中"胜多"

在教学中，教师感觉"忙乱"，有时候是因为要找的教学器具或教学题材太多而手忙；学生感觉"忙乱"，有时候是因为要找的作业线索或作业本子太多而脚乱。表现在课堂教学中，材料越多，头绪就越多，所设置的教学环节也就越多，处理不好，就会造成教师教学和学生学习的顾此失彼。

理想化的教学应该是一种简约化的教学。简约化的教学的"多"，并非体现在"接二连三"的数量上，而应体现在"举一反三"的质量上，让一物能够多用，让一本能够多用，让一题能够多用，让一法能够多用。这样的"多"，多在用途上，多在用户上，多在用处上，多在用意上；这样的"多"，多得集中，多得集约，多得集注，由开头的"一点"生发出结果的"多点"，用少量的"投入"换取多样的"回报"。

一、一物多用，让学生在简化中学习

活动现场1 数学·"（百）分数应用题复习"

[做法A]

一、课前观察

1. 欣赏：美丽的千岛湖和农夫山泉广告。

2. 观察：每个学生桌上都摆放着一瓶农夫山泉矿泉水，请仔细观察这瓶矿泉水，你从中获取了哪些信息？

生1："这个瓶子是一个近似圆柱体。"

生2："广告中说如果你喝一瓶矿泉水，就为中国申奥捐出了一分钱。"

生3："这瓶矿泉水是550毫升。"

生4："我用尺测量了一下瓶子，瓶中水的高度约为20厘米。"

二、整理复习

1. 猜一猜。

师："老师喝去了一些矿泉水，还剩下这些（举起手中的瓶子），请你猜一猜，还剩下这瓶水的几分之几？"

生1："$\frac{1}{4}$"。

生2："$\frac{1}{5}$，也可能是$\frac{1}{6}$。"

师："你有什么办法来证明自己猜对了吗?"

生1："可以先测量剩下的水有多少，再计算还剩几分之几。"

生2："可以先称出剩下的重多少克，再计算出剩下的占整瓶水的几分之几。"

师："你认为哪一种办法好呢?"

生："测量。"

师追问："测量什么? 用什么测量?"

生："测量剩下的水的高度。用尺子测量。"

学生操作后得出：满瓶矿泉水的高度是20厘米，剩下水的高度是4厘米，剩下的占这瓶水的$\frac{1}{5}$（20%），喝去了这瓶水的$\frac{4}{5}$（80%）。

师："想法很好，但如果要求比较精确，怎么办呢?"

生："可以用量杯量。剩下110毫升，喝去440毫升。"

大屏幕显示：①一瓶水550毫升；②喝去440毫升；③剩下110毫升；④"1"；⑤$\frac{4}{5}$（80%）；⑥$\frac{1}{5}$（20%）。

2. 编一编。

师："刚才我们通过观察、讨论、计算，得到了两组信息，现在老师要求大家从上述两组信息中各选择一条信息，再提出一个问题，组成一道我们已经学过的分数应用题。"

如："①+⑤"，喝去了多少毫升，还剩多少毫升? "②+⑤"，这瓶矿泉水多少毫升?

三、应用拓展

1. 算一算。

①工厂生产的矿泉水合格率是99.8%。如果有80瓶是不合格产品，那么这一天共生产了多少瓶矿泉水?

②矿泉水现在每瓶成本为1.5元，比原来降低了25%，如果工厂按每天生产20000瓶计算，可以节约成本多少元?

③工厂降低成本后，为答谢广大顾客，决定开展"买四赠一"活动。如

果矿泉水原来每瓶卖 2 元，那么优惠了百分之几？

2．想一想。

学校组织大家去春游，如果我班同学每人各自买一瓶矿泉水，单价是 2 元。如果整箱买，小箱 12 瓶可打九折，大箱 20 瓶可打八折。请你们小组合作，设计购买方案。

[做法 B]（提供：桂华）

一上课，教师拿起一支粉笔在黑板上写了"分数应用题"这 5 个字，然后告诉学生这就是今天复习的内容，并说已写的这 5 个字只占这支粉笔能写字数的 $\frac{1}{40}$，问这支粉笔能写多少个字？学生一下子兴奋起来，通过短暂思考纷纷举手说："可以用'$5 \div \frac{1}{40}$'求出这支粉笔能写 200 个字。"

教师接着说："那么余下的粉笔还能写多少个字呢？你能用算式表示吗？""能！"学生很快列出"$200 - 200 \times \frac{1}{40}$"和"$200 \times (1 - \frac{1}{40})$"两个算式。

教师微笑着点了点头，又拿起另外一支粉笔并把它折断，拿着其中一段说："这段占全长的 $\frac{2}{5}$，另外一段能写 180 个字，你们有办法求出它一共能写多少个字吗？"

活性分析

做法 A 中，全课以矿泉水为主线，一物多用，通过创设喝矿泉水—算矿泉水—生产矿泉水—销售矿泉水—购买矿泉水等一系列情境，将复习内容巧妙地贯穿其中，构建了由浅入深、由易到难这样一条较为完整的复习路径。

做法 B 中，教师通过用两支粉笔中蕴涵的数学信息，引发学生对分数应用题结构和解法的自然回忆。粉笔是教室里的必备之物，教师随拿随用，与做法 A 中的每人一瓶矿泉水相比，情节单一，使用方便而且节省开支，还能根据具体情况打破预设。简单的教具，简洁的线索，简化的课堂，经过教师的一物多用的设计，教学显得如此丰富厚实。一堂看似平常的课，学生学起来却是如此有滋有味。

二、一本多用，让学生在感化中学习

活动现场 2 语文·作文

[做法 A]

把全班学生分成若干组，每组 5 人，这 5 人就形成一个课外写作的团体。5 个学生共用一本作文本，甲在星期一写完一篇作文交给老师批阅后移交给乙，乙在星期二完成任务后转交给丙……作文本形成直线流动。在流动过程中，甲、乙、丙、丁、戊互相学习，互相帮助。4 周以后，各组进行一次成绩汇总，评出优秀写作组，汇总的成绩是 5 人共同的成绩，荣誉也是 5 人共享。

课外作文本的流动，引来了很多家长的关注，大多数家长都清楚自己的子女是在星期几轮到写作文的。当那一天来临的时候，家长急着想看与自己孩子同组的其他同学的文章，看完后，还会与孩子共同交流、讨论，分析其他同学的成功之处和不足地方，引导孩子如何写好本次习作。作文本的流动对整合教育资源大有好处。

[做法 B]

有一所省重点高级中学，学生的作文本采取对折使用，页面左侧让学生写作文，页面右侧让同学写读后感，相当于网络论坛的跟帖。其中有意思的是，教师经常采用让男生阅读女生的作文、让女生阅读男生的作文的做法。实践证明，效果相当好，学生可以尽情地抒写自己的见解、欣赏别人的思想。

活性分析

做法 A 中，"小组作文"，一本多用，合作写作。学生每周有一次难得的写作机会，这是一次展示自己的机会。学生不再为老师而写，而是为了能够表现自己而写，为了小组的荣誉而写，学生有了集体责任感，每个人都珍惜每一次写日记的机会。为了小组的总体成绩，每个小组的成员，又都相互帮助，相互督促。更重要的是，"小组作文"，可以让他们相互学习，互相借鉴。

做法 B 中，"跟帖作文"，同样是一本多用，与做法 A 相比，使用范围更广，它在全班学生中流动，用的人更多，看的人更多。有意思的是，作文本上还留有余地让读者跟帖写读后感；更有意思的是，读者为异性同学，男生看女生的作文，女生看男生的作文，异性相吸，读起来会更在意对方的感受和自己的形象，会更注意跟帖的用词和修辞，男生的跟帖会写得具有绅士风度，女生的跟帖会写得具有淑女风范。

三、一题多用，让学生在深化中学习

活动现场 3 数学的例题和习题

[做法 A]

我通过再析、另解、翻新的方法，再利用以前学过的倍数应用题"果园里桃树和杏树一共有 180 棵，杏树的棵数是桃树的 3 倍，则桃树和杏树各有多少棵"，收到了良好的教学效果。

1. 老题再析。上面的例题，在教学分数乘法、分数除法应用题、比的应用时，再次出示，启发学生应用新的知识看"杏树的棵数是桃树的 3 倍"，使学生衍生新感悟。

2. 老题另解。上面的例题，让学生在多样化理解的基础上，从分数乘法应用题、分数除法应用题、比的应用等角度解答，促使学生的认知结构系统化。

3. 老题翻新。

（1）把上面例题翻新成新例题。教学分数乘法应用题时，翻新成例题"果园里桃树和杏树一共有 180 棵，杏树占果树的 $\frac{3}{4}$。桃树和杏树各有多少棵？"教学分数除法应用题时，翻新成例题："果园里桃树和杏树一共有 180 棵，果树的总棵数是杏树的 $\frac{4}{3}$。桃树和杏树各有多少棵？"教学比的应用时，翻新成例题："果园里桃树和杏树一共有 180 棵，杏树的棵数和桃树的棵数的比是 3∶1。桃树和杏树各有多少棵？"

（2）把上面例题翻新成拓展题。①果园里桃树和杏树一共有 180 棵，桃树的棵数是杏树的 $\frac{1}{3}$。桃树和杏树各有多少棵？②果园里桃树和杏树一共有 180 棵，桃树的棵数比杏树少 $\frac{2}{3}$。桃树和杏树各有多少棵？③果园里桃树和杏树一共有 180 棵，杏树的棵数的 $\frac{1}{9}$ 和桃树的 $\frac{1}{3}$ 相等。桃树和杏树各有多少棵？

[做法 B]（提供：蒋明玉）

对于五年级第二学期期末的应用题部分，在数学练习中，我尝试围绕某一主题情境展开数学问题的设计，取得了比较好的教学效果。

1. 香草苑小区为了使居民有更多的活动场所，小区物业管理部门决定在小区内挖一个长 40 米、宽 30 米、深 2.5 米的游泳池。请你帮忙算一下，挖这个游泳池需挖掉多少泥土？如果每次用能载 20 立方米的汽车来运土，需运多少次？

2. 在挖出了泥土后，还需要在它的四壁都贴上瓷砖，请你帮忙算一下，贴瓷砖的面积是多少平方米？

3. 根据实际需要，游泳池的底面要铺上防滑地砖，现有边长分别为 30 厘米、50 厘米、60 厘米的三种正方形地砖，你认为应选择哪一种地砖为最佳，为什么？一共需要多少块这样的地砖？

4. 为了保证居民的安全，还要在游泳池的四周围上栏杆，请你帮忙算一下，栏杆的长是多少米？

5. 在建好游泳池后，现在要往游泳池内注水。如果要使池内水深达 1.6 米，按照每立方米水价 3.6 元，请你帮忙算一下，一次注入游泳池内的水需花多少钱？

6. 小区的游泳池建造完工，物业管理部门最后决定在游泳池上空的四周装上红、黄、蓝三种颜色的彩灯。三种彩灯一共是 36 盏，其中蓝灯占总灯数的 $\frac{5}{12}$，黄灯占总灯数的 $\frac{1}{4}$，那么红灯占总灯数的几分之几？哪一种颜色的灯装得最多？

活性分析

做法 A 中，一般教师都习惯于一次性地使用例题或习题。一方面，教师只是围绕着当堂课的教学目标开发了例题或习题中的某一部分，绝大部分还有待开发；另一方面，学生通过例题或习题所掌握的解决问题的策略只是阶段性的，随着学习的深入，适当地"回头看"、"回头想"，可能会促进学生新感悟的产生。这里的"一题多用"指的是同一结构的题目或同一类型的题目，在不同学习阶段、在不同知识层面让学生重新认识，获得新的感悟。

做法 B 中，教师在巩固性练习和阶段性复习时，就某一主题情境精心设计一些有坡度、有联系的题组练习，它具有以下功能：一是可以使学生感到生活中处处有数学；二是可以使学生能够从整体上把握所学的数学知识，突出知识的综合运用；三是可以使不同层次的学生都能体验到学习的乐趣。这里的"一题多用"指的是不断变化题目的各种应用来变换各种知识的运用，达到在横向上综合知识和在纵向上深化知识的目的。

四、一法多用，让学生在同化中学习

活动现场 4 语文·主题大单元教学；数学·"列方程解相遇问题"

[做法 A]

我根据教材内容，把内容相关的文章重新整合在一起，确定新的教学主题。如本学期我把写祖国风光的文章整合在一起，重新定为《祖国山水美如画》；把关于历史文化的文章重新整合，定为《中华上下五千年》；把写动物的文章整合在一起，取名《动物快乐大本营》；把写植物的文章整合在一起，叫《植物世界面面观》；把写古今中外名人的文章整合在一起，定为《走近名人》；把写世界风光的美文整合在一起，统称《天下奇观》。

在每一单元学习之前，我便把与课文相关的资料陈列出来，让学生有选择地进行课前拓展阅读。学生阅读大量的相关资料，有助于更深入地理解课文。

[做法 B]

我教学"列方程解相遇问题"时，自设目标为：一是培养学生处理信息、迁移建模的能力，二是培养学生整合信息、融会贯通的能力。由此在练习时，我设计了以下题组。

题组一：

①两艘军舰从相距 609 千米的两个港口同时相对开出。一艘军舰每小时行 42 千米，另一艘军舰每小时行 45 千米。经过几小时两艘军舰相遇？

②两艘军舰同时从一个港口向相反方向开出。一艘军舰每小时行 42 千米，另一艘军舰每小时行 45 千米。经过几小时后两艘军舰相距 609 千米？

题组二：

①从南京到连云港的铁路长 568 千米。两列火车从两地同时相对开出。从南京开出的火车，每小时行 77 千米。从连云港开出的火车，每小时行 65 千米。经过几小时两列火车相遇？

②甲、乙两个工程队合修一条长 1288 米的公路。甲队每天修 54 米，乙队每天修 38 米。几天可以完成？

③甲、乙两人共同加工 171 个机器零件。甲每小时加工 18 个，乙每小时加工 20 个。（缺问题）？

④甲、乙两个打字员一起打（缺条件）书稿。甲每小时打 8 页，乙每小时打 10 页。经过几小时可以完成？

⑤一所有986名学生的（多余条件）小学，给学生买校服，一共用去3800元。已知上衣每件23元，裤子每条15元。请问学校买了多少套校服？

题组三：

①龟兔围着圆形跑道相背运动，跑道一圈长280米，乌龟每分钟跑2米，兔子每分钟跑12米。经过多少分钟龟兔相遇？

②龟兔围着圆形跑道同向运动，跑道一圈长280米，乌龟每分钟跑2米，兔子每分钟跑12米。经过多少分钟兔子追上乌龟？

至此，全课结束，总结收获时，学生不认为学习的只是列方程解相遇应用题，而是解答了很多问题。其中，一个学生却认为就解决了一个问题，理由是我们可以把众多应用题看成同类问题。真是异曲同工！

活性分析

做法A中，教师打开了单元立体教学的大门，使语文教学打破了常规授课的单一性，实现了课前预习、课中学习和课后拓展的有效融合，使学习内容由一篇课文生发开去，实现了"一篇精讲＋多篇浏览＋名著阅读"的联动式学习。

做法B中，题组一，题①为舰艇的相遇问题，仿例巩固；题②为舰艇的相背问题，拓展延伸。学生比较发现"题目取材相同，运动方向不同，但解题方法相同"。题组二，5道题分别是行路问题、修路问题、加工问题、打字问题、购衣问题，把不同的生活原型整合成相同的数学模型，触类旁通、举一反三。另外，后3道题教师有意分别附设成缺问题、缺条件、多条件的开放题，培养学生迁移同化、合情处理的能力。

题组一和题组二中同质异形的习题，让学生在深入比较中实现知识的横向拓展，体会多种生活问题"外貌"不同的背后是数量关系类似，具有相同的内部结构，从而建构起一定的解题模型；而题组三则让学生在不同情境中发现思路仍相同、在相似情境中发现思路并不同，培养学生具体问题具体分析的能力，克服思维定式。

—— 活学活用 ——

在采用"以少胜多"教学策略，以追求最终"不把学生教死"之良好教学效果的过程中，教师可以从下面几方面进行考虑。

活法 1：多功能——延伸教学的"长度"

在教学中，一种情形是教师常常为"无材可找"而头痛，寻寻觅觅，难以找到能够很好辅助教学的教学器具。其实，生活中有许多常见物品可以一物多用，在不同的教学场合实现不同的教学功能。

例如"活动现场1"的做法 B 中，粉笔除了在"分数应用题复习"中可以用做题材引入教学外，还可以在教学"横截面"时借用粉笔折断后出现的断面帮助学生理解，还可以在教学"圆柱体"时把粉笔的形状作为反例让学生判断，还可以在教学"找规律"时让学生研究粉笔折断的次数与段数之间的规律，还可以在教学"认识分米"时让学生看到粉笔的长度大约是 1 分米。

又如学生文具盒里都有的三角尺，在多种知识教学中也可以有不同的用途，用两副三角尺可以拼出多种角度和多种图形，还可以拼出对称图形，把三角尺旋转后可以形成圆锥体。

再如学生喜欢玩的扑克牌，在教学中同样有着广泛的应用市场，可以算"24 点"训练学生的计算能力，在"用分数表示可能性的大小"、"用字母表示数"、"用倒推法解决问题的策略"、"面积单位的统一"等课中都可以派上用场。

在教学中，还有另一种相反的情形，是教师常常为"有材难选"而头痛，为准备或挑选各种各样的教学器具而忙得不亦乐乎，有时还会因为教具的多种多样而丢三落四，让教师不胜其烦。其实，有些教具只需要一样就行，一物多用，一样可以达到相同的教学目的，甚至使教学效果更好。

例如"活动现场1"的做法 B 中，教师就巧妙地利用讲台上必备的常用之物粉笔做教具，在"写一写"和"折一折"中轻松地引出分数应用题，与做法 A 中的矿泉水相比，动作简单，思路清晰，成本经济。

据说，有人研究出了一物多用的小学语文作业本，作业书写页和空白页交替装订在封面和封底间，整个书写页分为四部分，最上端为题目栏，下方依次为课前预习栏、字词句书写栏，最下方为课文摘抄栏，具有功能多、适用范围广、结构新颖等特点。

活法 2：多联系——拓展教学的"宽度"

我们经常为这样一种现象而感到苦恼：有些学生只会做教师作为例题讲过的相同题目，对同质异形的相近或者相似类型的习题就感到陌生，对那些仅仅跨出"一步之遥"的发展性习题则感到束手。也就是学生只会就事论事，缺乏触类旁通的学习能力，这也可能造成学生离开教师"喂奶"后就无法"自食"的"弱智"。

　　为了提高学生由此及彼的学习能力，教师完全可以像"活动现场4"的做法B那样由点到面地不断伸展与进取，根据一道题目的内在原理在更大的领域内搜索出一批同质异形的题目，"并联"在一起组成一个题组，让学生认识到同一种方法可以解决许多不同情节的问题；我们也可以像"活动现场4"的做法A那样把许多主题相同的课文组合成一单元进行板块教学，一法多用，让学生整体学习。

　　可以说，材料的变通度有多强，学生的灵通性也就有多强。对此，教师应该抛弃那种"讲一题、练一下"的"短跑"式教学，而采用更有广度、更具难度的"讲一题、连一串"的"长跑"式教学。

　　除了实现知识之间的多联系之外，教师还可以实现人员之间的多联系，让多个学生团结一心，形成学习的共同体。例如"活动现场2"中学生共用作文本的写作团体，就把学生紧紧地凝聚在了一起。

　　又如传统的学生作业本一般只有学生自己和教师看，教师不妨也让作业本流动起来，一本多用，让作业本成为学生的公共资源，封面上不再写学生姓名，只写编号，发本子时教师随机分发。今天这个学生用这本作业本做作业，然后在计分格中签上名字，明天就可能在另外一本作业本上做题和签名，这样学生就能每天看到其他同学的书写字迹、做题格式、解答方法等作业情况，在比较中激励自己表现得更好，给别人留下好印象。

活法3：多层次——挖掘教学的"深度"

　　理想的教学都讲究知识由浅入深的层次性，让学生循序渐进地学习。教学的层次性具体表现在例题或习题难度的不断加深，这可以通过许许多多个不同题材的题目组合在一起来实现。其中，更经济实用的做法是，我们可以通过一题多用的方式，把一道题目进行多次嫁接或进行多种变式，衍生出一批带有"血缘"关系的不断"进化"的题型与题意，"串联"在一起组成一个题组，来实现知识的纵深发展。

　　如"活动现场3"那样，做法A是把原本一道简单的题目在同一课中，做法B是把原本一道简单的题目在不同课中，不断添加条件、不断变换结构、不断提高要求，逐步实现由易到难的知识突破。题目演变到最后，涉及的知识会越来越多，解决的方法会越来越难。知识的生发过程，其实也是学生的成长过程。

　　这种一题多用的做法对教学的好处是，学生更容易看清知识的变化联系和把握知识的发展脉络，也更容易按图索骥地"退步"和"进步"，既可以抓住那一条线索回溯知识的"来龙"，又可以抓住那一条线索展望知识的"去脉"，更有利于学生抓住知识的"前世"和"今生"。

05. 学生：苦苦寻找身外的材料和偷偷观察别人的态度，该怎么办？——

教师：让学生有一双学习的帮"手"

教学离不开资源的支持。教学资源时时处处地存在着，但教师更多情况下只看到存在于自己身边的资源，常常想方设法、不厌其烦地为学生寻找和配备各种各样的教具和学具。

俗话说，人有两个宝，双手与大脑。其实，教师在教学上还应注意存在于自己身上的资源，例如教师和学生的双手，就是一种随身带着的、随处可用的教学资源，在一些教学内容的处理上和一些教学方式的使用上，均有着简便易用和简单易行的独特功能，可以成为教学的好帮手。

一、用一"手"，帮助学生更好地探究知识

活动现场 1 数学·"周长的认识"

[做法 A]

一位北方的教师感觉北方的树叶太小，学生不好操作，于是托南方的朋友带来了一些大大的树叶，让学生描画叶子的边线感知什么是周长。这种叶子在北方很少见，学生很好奇。直到让学生做巩固练习的题目时，有的学生对手中的叶子还是恋恋不舍，左看右看。

[做法 B]

一位教师把自己的手贴在白板上，用彩笔很快画出了一只手的轮廓。学生们受到启发后，也都把自己的小手画在了作业本上。在老师的提醒下，有的还把与手臂连接的缺口连上了。有意思的是，同学们都不约而同地把自己的作业本放到了地上，把自己的一只脚踩到了作业本上，开始画轮廓，有的还请同伴来帮忙。

活性分析

做法 A 中，对树叶来说，大点的还是小点的，是黄的还是绿的，都不是教材本质的东西，变一变不会影响学生对周长这个概念本质的理解，教师完全可以替换。不过，媒介替换也有好坏。像用大树叶替换小树叶，教师本意是为了学生描起来方便，没有考虑到这样的树叶在北方是少见的，他们需要

一个"研究"的过程。在没有足够的时间满足他们的好奇心时，也会分散学生课堂学习的注意力。

当然，媒介替换好与坏，还要看媒介替换后的使用到位不到位。例如，出示两片大小不一的树叶，首先问学生能发现什么不同如形状、大小、颜色、厚薄等。然后教师引导学生思考只关注大小不同时，怎么研究。可以描边线，看边线的长；可以算面积，比面积的大小。把学生的好奇心引入这节课的内容上来，其实也是很好的情境。

做法 B 中，学习周长竟然可以手脚并用！这样的"媒介"就在学生身上，不用刻意去找，又有利于培养学生的数学眼光，是替换得很好的一个例子。

替换时，具体的物体可以换，但换下来的物体与教材中的应当有共同的特征，是平面的、封闭的，不能如同心结那样的图形有多条线的交叉。而这些特征正是周长概念的本质特征，是不能变的。这是我们在替换媒介时要遵守的原则。

二、补一"手"，帮助学生更好地理解知识

活动现场2 数学·"长方形的周长计算"

[做法 A]

一位教师让学生说一说怎样计算一个长是 50 厘米、宽是 40 厘米的长方形的周长，得到以下几种方法：①$50 + 40 + 50 + 40 = 180$（厘米）；②$50 \times 2 + 40 \times 2 = 180$（厘米）；③$(50 + 40) \times 2 = 180$（厘米）。

接着，教师就根据方法③板书揭示出长方形周长的计算公式是"长方形周长 = （长 + 宽）×2"，告诉学生这样的方法计算起来比较简单，比较优越，尽管有些学生面露难色，而教师只是要求学生背记公式。

[做法 B]

一位教师同样让学生说出了 3 种计算长方形周长的方法。面对方法③，有些学生感到理解困难，有些学生感到记忆困难。此时，教师伸出左手的食指保持水平，表示长方形的长，接着伸出左手的大拇指保持垂直，表示长方形的宽，学生清楚地看到了这样食指与大拇指就构成了"长 + 宽"，然后教师用右手的食指与大拇指与左手的食指与大拇指合成一个长方形，形象地表示了"（长 + 宽）×2"。教师的直观演示，让学生清楚明白地理解并记住了这一长方形周长的计算方法。

之后在巩固练习中，许多学生选择这种方法计算了一些长方形的周长

当学生在表述想法时，有几个学生并没有说很多的话，而是直接用教师刚才教给的手势演示，让人一看就明白。

活性分析

做法 A 中，教师在处理学生计算方法多样化时，只是简单地把它作为得出长方形周长计算公式的材料。然而，教师认为的"简单"让学生看到的只是这种方法在计算上的简单。其实，这种方法在思路上并不简单，这点恰恰是学生最难理解的。教师没有看到这一点，所以尽管有些学生面露难色，教师却不管学生存在的理解上的差异，只是简单地让学生背记公式，导致学生的机械学习。

做法 B 中，教师意识到让学生能够掌握第三种方法的优越性，但也意识到学生在理解上的难度，于是没有简单地出示公式，更没有让学生简单地背记，而是借助手势进行直观演示，帮助学生理解和记忆这种长方形的计算方法。并且，教师还有意识地让学生在习题时用手势代替语言来解释想法。

三、搭一"手"，帮助学生更好地演示知识

活动现场 3 数学·"认识 11～20 的数"

[做法 A]

一位教师让学生数出十根小棒，捆成一捆，揭示"1 个十"的数学意义。然后引导学生用一捆小棒加几根小棒的方法分别摆出"11、12、13"等数，从而让学生认识到这些数分别有"1 个十"和"几个一"组成。然后在"19"的基础上加一根小棒得到"20"，进一步让学生认识到 20 是由"2 个十"组成的。

[做法 B]

一位教师在用小棒操作后，及时改用手指来帮助学生记忆和应用。具体做法是：让学生先握好两拳，然后伸出左手大拇指让学生复习"1 个一"，再伸出左手食指表示"2 个一"，再伸出左手中指表示"3 个一"，直到十个手指全部伸开表示出"10 个一"。然后把两只手的十根手指抱在一起表示"1 个十"，这样学生在手势的分与合的变化过程中明白了"10 个一就是 1 个十"的转化过程。

当教师要求学生用手势表示"11、12、13"等数时，一个学生的两手只能表示出"1 个十"，于是学生想到同桌两人合作，左边的学生两手抱拳表示"1 个十"，右边的学生用左手竖起几根手指表示"几个一"，同桌两人用手合

作完成教师的演示要求。当演示到"20"时，同桌两人的双手就紧紧地握在了一起，在握手的友谊中愉快地理解了 20 是由"2 个十"组成的。

活性分析

做法 A 中，小棒是低年级学生数学学习中常备学具，使用率很高。尽管它可以给学习知识带来理解上的方便，但学生在保管上却不是十分方便，很容易丢三落四。另外，在操作活动时，同桌两名学生那么多的小棒摆在桌上，很容易发生混乱。

做法 B 中，教师先利用学生身边的东西——"小棒"，让学生对知识有了初步的感受后，就利用学生身上的东西——"手指"，让学生及时巩固知识和进一步运用知识。用"手指"代替"小棒"的好处是，手指是长在自己身上的东西，学生随时随处可用，没有像小棒在保管和使用上的那些不便。更重要的是，小棒对学生而言是无情物，而手指却牵动学生的情感，特别是在学生用手合作演示知识时，那种友情是小棒无法带来的。

四、藏一"手"，帮助学生更好地反馈知识

活动现场 4

[做法 A]

一位教师在让学生用手势反馈判断题的对错时，出现场面比较混乱但结果非常一致的情形：一是一些成绩中下等的学生出手比较慢，等待一些好学生出手后再出相同的手势；二是有些出手比较快的学生，当看到自己的手势与多数同学不同后，就偷偷地改变了自己的手势。

[做法 B]

一位教师采用让学生用手势反馈判断题的对错时，并没有让学生想出手就出手，而是让学生先把双手藏在身后，想好答案所对应的手势，然后等大家都想定后，教师发出"出手"的指令，学生才从身后快速出手表达自己的判断结果。

活性分析

做法 A 中，学生出手的混乱，一是由于学生出手快慢的参差不齐，二是由于学生手势的随意改动。其中，学生手势的随意改动，一是可能由于学生出手太急，没有细加考虑而产生想法的改变，这是正常的；二是可能由于其他学生的影响，让他不明其理地随大溜，这样就可能造成学生的行为虚假和

信息反馈的不真实。

做法 B 中，用手势表示答案时，教师先让学生藏一"手"，既可以保证学生有足够的时间仔细考虑，又可以防止在一起出手时"察言观色"而"见风转舵"，随心所欲地改变自己的手势。这种情况下，学生的态度更能是自己的态度，学生的判断更能是自己的判断，学生的想法更能是自己的想法，教师也就能够了解到比较真实的反馈信息。

—— 活学活用 ——

在采用"利用双手"教学策略，以追求最终"不把学生教死"之良好教学效果的过程中，教师可以从以下几方面进行考虑。

活法 1：用好"手指"

人的手指，在教学中，一是可以用做"数量"上的示意，例如在"数的认识"的课中可以用，上述"活动现场 3"的做法 B 就属于这种应用方法；又如在"数的组成"的课中也可以用，让学生摊开双手面对自己的 10 根手指，然后按下左手的大拇指表示"10 可以分成 1 和 9"或"1 和 9 可以合成10"，按下左手的大拇指和食指表示"10 可以分成 2 和 8"或"2 和 8 可以合成 10"，依次类推，既动了口又动了手，学生更能感到学习有劲头。

二是可以用做"长度"上的示意，例如上述"活动现场 2"的做法 B 就是这样的一种应用；又如在"条形统计图"的课中也可以用，教师让学生在观察手指的长短中，很容易明白应该把它们放置在同一水平线上的道理。

三是可以用做"方向"上的示意，例如在"认识角"的课中，教师就可以用手指清楚直观地表示出角的正确指法和正确画法，因为学生在这方面很容易犯错误；又如在"分数的基本性质"的课中，教师就可以用手指所指的方向来引导学生"从左往右"和观察"从右往左"，从而比较容易地发现其中的规律；同样，"数的分与合"的课中，如果教师手指从上往下指，则表示"数的分解"，如果教师手指从下往上指，则表示"数的合成"。

活法 2：用好"手掌"

人的手掌，在教学中，一是可以用做"平面"上的示意，例如上述"活动现场 1"的做法 B 中人的手掌就是一种平面上的应用；又如在"面积和面积单位"的课中，手指甲的面积大约是 1 平方厘米，手掌面的面积大约是 1

平方分米，两个小学生四只手臂围起来的面积大约是 1 平方米。

二是可以用做"方向"上的示意，例如在"长方形的认识"的课中，教师可以用两只手手掌面相对来表示长方形的对边；又如在"相遇问题"的课中，教师可以用两只手手掌面的相对运动让学生理解"相对而行"。

三是可以用做"重合"上的示意，例如在"轴对称图形"的课中，教师可以用两手掌面的重合来解释对称性；又如在"图形的面积"中，教师可以用两手掌面的重合来解释面积完全相等。

活法 3：用好"手臂"

人的手臂，在教学中，一是可以用做"角度"上的示意，例如在"认识钟表"的课中，教师可以用两只手臂代替时针与分针表示出各种时间。

二是可以用做"运动"上的示意，例如在"平移与旋转"的课中，教师可以用手臂表示出旋转的动作。

活法 4：用好"手势"

人的手势，在教学中，一是可以用做"判断"上的示意，例如上述"活动现场 4"就是这样的一种应用，做法 B 无疑使这样的用法更有效力。

二是可以用做"选择"上的示意，例如选择第几个项目，就可以举几个手指来告诉别人。

三是可以用做"态度"上的示意，例如用"O"字形的手势表示接受，用"V"字形的手势表示成功；又如学生在别的同学回答问题或发表意见后，就可以用"V"形手势表示赞同、双手交叉表示反对、用平举表示补充等意愿，这样举手的反馈意思，教师一目了然，对此可以有针对性地选择学生发表意见，从而提高教学效益。

法国艺术大师罗丹说过，手有时比嘴还会说话。在教学中适当运用手势语，往往更形象、更鲜明，能起到传情、示意的作用，收到更为理想的教学效果。例如大家都十分熟悉的李阳疯狂英语，李阳的英语教学方法非常成功，其中一个很重要的原因在于，在李阳的教学中，他十分强调手势，肢体语言非常丰富，这使得学生能够充分感受到老师上课的激情。通过肢体的活动，学生的活力被带动起来，注意力也集中起来了，不容易走神，更加愿意发言。

06. 学生：学习中动眼与动耳比较多，动手与动身比较少，该怎么办？——

教师：让学生在活动中"玩转"知识

爱玩是孩子的天性，活动是学生的基本学习方式。沙托说："儿童是一个玩耍的精灵，而不是别的什么。要问儿童为什么玩耍就如同问儿童为什么是儿童一样。"近日，英国一群小学生对大黄蜂的觅食行为进行实验观察，并在英国皇家学会主办的《生物学通讯》上发表了研究论文。在这25名小学生的眼里，科学实验充满了乐趣，就像是玩一场游戏。

而我们的孩子呢？课堂内，一篇篇课文等着他们背，一道道习题等着他们做；课堂外，一个个兴趣班逼着他们上，一个个辅导班催着他们读……如果我们首先把"玩"引入课堂，通过一系列的活动转化知识的呈现形式，使学生在"玩"中学，学中"玩"，对培养学生学习兴趣、优化课堂教学、提高学习效率都可起到意想不到的效果，或许也能让我们的学生"玩"出大论文。

一、在"玩"中引出知识

活动现场 1 数学·"轴对称图形"

[做法 A]

师："同学们，这些年给我印象很深的一个聋哑人表演的节目是'千手观音'。今天特意找到一些图片，我们一起欣赏。"（播放课件）

1. 猜测图形

师："今天老师还带来了一些漂亮的图形，不过，我只给你看图形的一部分，猜一猜，整个图形分别是什么？"（课件依次出示半只蝴蝶、半只蜻蜓、半个花瓶、房子的一部分）

2. 感知特征

（1）为什么前面三个图形你能很快猜到，而最后一个却很难猜呢？（引导学生说出前面三个图形两边是一样的）

（2）判断一个图形两边是不是一样，你有什么好办法？

（3）老师这儿有一个蝴蝶图形，你能不能折给大家看一看？这样对折后，你们有什么发现？

3．揭示概念

（1）像这样对折后能完全重合的图形，我们把它叫做轴对称图形。打开这个折过的轴对称图形，发现一条折痕，折痕所在的直线叫对称轴。

（2）蝴蝶图形是轴对称图形，它有几条对称轴？那其他几个图形呢？

[做法B]（提供：邹本莉）

课一开始，就做一个游戏，教师拿出2架纸飞机：谁愿意和老师比赛扔纸飞机？看谁扔得又高又稳，飞行的时间最长？

生1："我最会玩了，我和你比。"（学生输了）。

生2："我能赢你。我来！"（学生又输了）

第3个学生仍然输了。学生傻眼了，细心聪明的孩子们开始寻找原因了。

生："老师，比赛不公平！"

师："为什么不公平？"

生（抢着说）："我们的飞机两边的翅膀大小不一样，形状也不一样，你的飞机两边的翅膀是一样的。"

师："你怎样验证我的飞机两边的翅膀是一样的？"

生（迅速跑上讲台，折叠飞机）："沿中间对折，折后再看看两个翅膀是否一样大。"

师："像飞机这样，对折后两边的翅膀一模一样的图形，叫做轴对称图形，他折的中间这条印痕叫对称轴。"

活性分析

做法A中，通过"千手观音"的欣赏，学生初步感知到对称和对称美，同时美丽的画面充分调动了学生的学习热情和积极性。然后教师从学生熟悉的事物入手，根据学生的感知规律，创设了有趣的"猜一猜"情境，不但激发了学生的学习兴趣，同时房子图形的介入为学生感知轴对称图形的特征做了铺垫。

做法B中，教师采用了游戏的方式，让学生在玩扔纸飞机的频频输场中自觉与老师的纸飞机进行比较来寻找失败的原因，发现关键因素在于飞机翅膀的不对称上，教师由此引出"轴对称图形"就显得非常贴切和自然。做法B与做法A的区别在于，做法A只是让学生动眼看，而做法B却是让学生动手玩后再动眼看，学生兴致更高。

二、在"玩"中做出知识

活动现场2 数学·"质数和合数"

[做法A]

一、生活引入

1. 观察生活：日常生活中，一箱饮料通常都是排在长方体的纸箱中。

师："请你猜一猜，通常一箱饮料的总数量会是些什么数？"（生：偶数、奇数……）"老师这里拍摄了一些箱装饮料的照片，大家一起来看一看，每箱饮料共有多少瓶，是怎样排列的，用算式表示。"

教师板书：（9瓶啤酒）$9 = 3 \times 3$，（12瓶可乐）$12 = 3 \times 4$，（15瓶牛奶）$15 = 3 \times 5$，（24瓶雪碧）$24 = 4 \times 6$。

2. 实际数量的多种排列方法，分析可行性。

师："这些数量装在一个长方体纸箱中，还可以怎样排？"（教师补充板书：$9 = 3 \times 3 = 1 \times 9$，$12 = 3 \times 4 = 2 \times 6 = 1 \times 12$，$15 = 3 \times 5 = 1 \times 15$，$24 = 4 \times 6 = 3 \times 8 = 2 \times 12 = 1 \times 24$）"你觉得哪种排列方式在实际生活中采用的可能性最小？为什么？"（不便携带）

3. 比较质疑，引入新课。

师："现在老师这儿有13瓶饮料，请你将它们排在一个长方体纸箱中，要求每排数量相等，可以有哪些排法？17呢？19呢？你还能举出几个这样的数吗？"

二、探究原因

1. 探究质数和合数的意义。

师："想一想，为什么一些数量可以排成多行多列，而另一些数量不能排成多行多列呢？"（与这些数的约数有关，揭示质数和合数的概念）

2. 谜底揭晓：日常生活中一箱饮料的总数量通常是些什么数？（板书：合数）很少采用什么数？（板书：质数）

[做法B]（提供：王学富）

摆一摆：指导学生用小圆片分别摆成点、直线或长方形（正方形）等图形，表示如1、5、9、11、12等数。

比一比：观察所摆图形，什么数只能摆成一点？哪些数只能摆成一条直线？哪些数除了摆成直线外，还能摆成长（正）方形？学生经过比较，很快将5个数分成3类。只能摆成一点的：1；只能摆成一条直线的：5、11；除

1: ○   5: ○○○○○

9: ○○○○○○○○○   ○○○ 11: ○○○○○○○○○○○
                   ○○○
                   ○○○

                   ○○○○○○ ○○○○
12: ○○○○○○○○○○○○ ○○○○○○ ○○○○
                   ○○○○○○ ○○○○

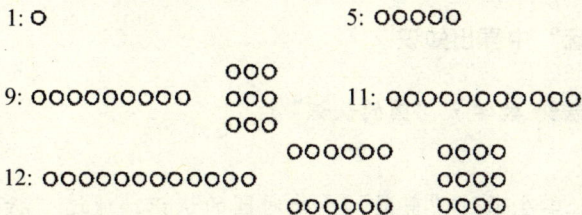

了摆成一条直线外，还能摆成长（正）方形的：9、12。

想一想：为什么用1个圆片只能摆成一点，5个或11个只能摆成一条直线，而9个或12个可以摆成长（正）方形呢？引导学生找出把每个图形的圆片数写成可能的乘法形式，发现这些数的约数个数：1只能写成 $1 = 1 \times 1$，即1只有1个约数；5和11只能分别写成 $5 = 1 \times 5$ 与 $11 = 1 \times 11$，即它们都是只有1和它本身两个约数；9和12可以分别写成 $9 = 1 \times 9 = 3 \times 3$ 和 $12 = 1 \times 12 = 2 \times 6 = 3 \times 4$，即它们都是除了1和它本身两个约数外还有别的约数。在此基础上，教师再向学生揭示出质数与合数的概念。

活性分析

做法A中，新课的导入设计巧妙，教师一改教科书上引入质数、合数概念时只呈现数字的枯燥方式，利用学生身边熟悉的数学素材，通过实物照片唤起学生已有的生活经验，激发学生产生探究的愿望，引起数学思考。然后组织引导学生进行观察、实验、推理、交流等活动来解决问题或大胆猜想，找到问题的实质，形成数学概念。通过这种教学方式可以改变学生在传统的教学模式下所形成的那种仅偏重于记忆和理解数学结论、被动接受教师传授知识的学习方式，帮助他们形成一种主动探求知识，并重视合作交流、解决实际问题的积极的学习方式。

做法B中，教师通过让学生摆放圆片巧妙地向学生渗透了数形结合思想。学生通过摆圆片得到的图形及算图形中的圆片个数的方式联想到数的分解，由数的分解式发现自然数的约数个数，进而得出质数和合数的概念。与做法A相比，做法B设计的优点在于一方面将静态的数转化成可操作的图形，另一方面把在看中发现问题变成了在做中发现问题，使学生从图形中更容易想到数的分解。

三、在"玩"中弄出知识

活动现场3 数学·"圆的认识"

[做法A]

一位教师让学生通过"剪圆"感知对圆的认识、通过"折圆"理解对圆的认识后，进入了让学生通过"画圆"提高对圆的认识这一环节。

师："刚才，我们已经认识了圆。下面，我们一起来学习怎样用圆规画圆……"

突然，一名学生插话："圆，我会画。"他的发言引起了其他学生的共鸣。

生2："我也会画圆。"

生3："老师，我会画很多圆。你看，这是我画的奥运五环。"

生4："我还会用圆规画出美丽的'花朵'呢！"

教师打断学生的自说自话，仍然不折不扣地按照教案从头至尾讲解画圆的步骤。

[做法B]

刚开学，一位教师就让学生购买了圆规。学生出于好奇，在平时空闲的时间经常把玩圆规，琢磨它的用法。经过大半个学期，在正式教学"圆的认识"一课时，这位教师设计了以下教学程序。

一、在活动中整体感知

1. 思考：如何从各种平面图形中摸出圆？

2. 操作并体会：圆与其他图形有怎样的区别？在交流中整体感知圆的特征。

二、在操作中丰富感受

1. 交流：圆规的构造。

2. 操作：学生画圆，交流中归纳用圆规画圆的一般方法。

3. 体会（学生第二次画圆）：如果方法正确，为什么用圆规画不出直线图形或是其他的曲线图形？

4. 引导（教师示范画圆）：使学生将思维聚焦于圆规两脚之间的距离，体会到圆规两脚距离的恒等，恰是"圆之所以为圆"的内在原因。

三、在交流中建构认识

1. 引导：引导学生将上述距离画下来，由此揭示圆心及半径的概念，进而介绍各自的字母表示。

2. 思考：半径有多少条，长度怎样，你是怎么发现的？

3. 概括：介绍古代数学家的相关发现，并与学生的发现作比较。

4. 类比：先介绍直径，进而引导学生借助类比展开思考，发现直径的特征，并提出同一圆中直径与半径的关系。

5. 沟通：圆的内部特征与外部特征之间具有怎样的有机联系？

四、在比较中深化认识

1. 比较：正三角形、正方形、正五边形等图形中类似等长的"径"各有多少条？圆的半径又有多少条？

2. 沟通：这些正多边形与圆这一曲线图形之间又有着怎样的内在联系？

五、在练习中形成结构

1. 寻找：给定的圆中没有标出圆心，半径是多少厘米？

2. 想象：半径不同，圆的大小会怎样？圆的大小与什么有关？

3. 猜测：不用圆规，还可能怎样画出一个圆？在交流中进一步丰富学生对半径、直径之间关系的认识。

4. 沟通：用圆规如何画出指定大小的圆？

六、在拓展中深化体验

1. 渗透：在与直线图形的对比中，揭示圆的旋转不变性。

2. 介绍：呈现直线图形旋转后的情形，再一次引导学生感受圆与直线图形的联系，体会圆与旋转的内在关联，丰富对圆这一曲线图形内在美感的认识。

活性分析

做法 A 中，教师的教学设计是把学生看做一张白纸进入知识学习的，所以严格按照教材的编排照本宣科，在完全教学圆的特征之后才教学圆的画法。结果，课中学生已经会画圆的反应让教师感到意外，情急之中仍然按照教材编排"演戏"。可以说，这是典型的本本主义在教学中的体现。

做法 B 中，教师意识到圆在生活中是很常见的、应用非常广泛的图形，充分预计学生对圆已有一定的印象，所以在新课导入时直截了当地让学生摸出圆。同时，教师更意识到，从学生购买圆规的那时起，学生就会玩圆规，开始尝试用圆规不断地自己画圆，进而画由圆构成的一些比较复杂的图案，在多次磨炼中会拥有相当丰富的活动经验。课中，教学用圆规画圆时，已经不必再新授，完全可以在交流中深化认识，"在游泳中学会游泳"。于是，教师大胆地把画圆环节放在了课的开始环节，在学生介绍和交流画圆方法的过程中引出圆的特征的教学。可以说，这是先进的人本思想在教学中的体现。

四、在"玩"中考出知识

活动现场 4

[做法 A]

考试在学生心目中，就是"一张试卷一支笔"、"数字符号玩玄秘"，还有"三大纪律八项注意"，考前不是铺天盖地"常演习"，就是措手不及"搞突袭"，考时怕老师眼睛"盯"着，担心被怀疑，考后怕老师眼睛"瞪"着，担心被训批……这是一些学生的心理写照，特别是学习中下生，对考试尤为感到紧张与恐惧。

[做法 B]（提供：祝筱筠）

一天下午，无锡市吴桥实验小学的操场上很是热闹，一群打扮成可爱小动物的孩子们在简易的舞台上参加一场知识竞赛。

"风筝是由中国人发明的，在中国已有两千多年的历史，最初的功能是用于什么？"老师拿着话筒当主持人给出问题，孩子们则充当选手在一旁抢答。一只"小白兔"抢到了这次机会："军事，传递信息。"

"一杯热水的降温规律是什么？"这次一只"小老虎"发威了，率先抢答："从快到慢。"

《霍拉舞曲》是谁的独奏？歇后语"龙王爷跳海"后面是什么？为什么锅的把手一般来说是塑料做的，而锅身却用金属做的……这些要开动小脑筋的答题让孩子们非常踊跃，在一旁观看的家长也都纷纷猜测着答案。

这不是一场简单的校园活动，这是吴桥实验小学对期中考试进行的一次改革。这场活动规范名称为"年级学科综合活动"，每个年级都要按照一个主题设计一台竞赛，每天一个年级。学生们可以报名参加作为选手上台参与竞争，也可以申请作为后援团在台下抢答。竞赛的题目涉及该年级的所有学科，除了语数外，自然科学、音乐等等科目统统都沾边。

五年级的秦奇同学告诉记者，以前每年到这个时候，校园里总是最安静的，每天就是复习和做作业，因为要期中考试了。父母甚至会提前一周替她停掉兴趣班，就为了让她安心复习。现在，她不用做试卷了，玩得很开心。

活性分析

做法 A 中，学生会常常无奈地感叹：考试，想说爱你不容易。这样的感觉是因为我们只是把考试的定位盯在了"考"字上，让学生感觉考试是一种

"烤事"、"拷事"、"铐事"，这样的考感怎会不让学生感到害怕。其实，我们的考试，特别是小学阶段的考试，不妨把考试的定位放在"试"字上，让学生感到考试不是"终点"而是"中点"，不是"利害"而是"利益"，不是"压力"而是"动力"，除了"专用"还可"活用"，除了"独作"还可"合作"，除了"既定"还可"商定"。这样的考试可以让学生感到考试只是学习征途中的一次次阶段小结，一次考得不理想可以有多次重考的机会。

做法 B 中，传统的考场变成了操场，传统的考试则变成了热闹的小型"非常 6 + 1"，孩子们"玩"得很过瘾。这样的考试是开放的。开放式考试可以从以下方面努力。一是考试形式的开放；可以口试、笔试与操作相结合，教师出题与学生出题相结合，水平考试与等级考试相结合，常规式考试与游艺式考试相结合，一次考试与多次考试相结合，扣分式考试（分数封顶）与加分式考试（分数不封顶）相结合，师评与自评、生评、家长评相结合等。二是考试内容的开放；可以类型多样、题材丰富、知识综合、试题多答（例如开放题）、智情融和等。三是考试时空的开放；可以课内学习知识考试与课外学习知识考试（例如课外阅读、专题研究）相结合，整体考试与部分考试相结合，考场考试与现场考试相结合，教后考试与教前考试相结合等。开放的考试，已不再神秘与玄虚，学生感到时时、处处、事事皆可"考试"，考试更多的是"测验"，是学生诊断学习、改进学习的"试纸"。

——— 活学活用 ———

在采用"玩转知识"教学策略，以追求最终"不把学生教死"之良好教学效果的过程中，教师可以从以下几方面进行考虑。

活法 1：开展游戏活动

记得有一篇文章《玩出来的发明创造》，讲的是一个荷兰眼镜商的儿子在与磨镜片的工人玩耍时，把一凸一凹两镜片放在一起拉开不同的距离，当他一前一后举起镜片向前望时，惊奇地大叫起来，原来远处的景物被接近了。就这样眼镜商在儿子玩耍的游戏中发明了望远镜。

玩是孩子的天性，玩伴随孩子的快乐成长，同时玩也给孩子带来无穷的乐趣。游戏是孩子玩耍的主要形式。游戏中有一些与学生学习有关的很可贵的东西：第一，游戏的目的是要争取胜利，这与学习知识的目的在于取得成功是一样的道理；第二，游戏的过程应该是快乐的，没有人会玩让人痛苦的游戏，这与理想的学习过程也没有区别；第三，玩游戏的人只有都遵守同一种游戏规则，游戏才会玩得有意思，从本质上来说，这是一种适应现实的能力和方式。

游戏精神的快乐这一部分，正是我们的教学所缺乏的。大家好像都认为，表情严肃才是教育学生的正确态度。而心理学家则认为，一个人快乐时记住的东西，比不快乐时记住的东西要牢固得多，数量上也要多得多。一个学生如果学数理化学得跟玩游戏一样快乐，他肯定会是所有学生中间学得最好的；不仅如此，他还可能是心理最健康的学生。

学习上的第一"游戏规则"是：学习是学生自己的事，应该也必须由学生自己做主。一个没有受到外界过多控制的学生，他自然而然会学会自己控制自己，把自己大多数时间和精力用在学习上；而受到外界过多控制的学生，则会在学习之外的方面找回自己的自主感。许多学生失控地沉溺于外面的游戏，本质上是对外界控制的一种反抗。所以，不尊重学生的自主性的代价，不仅仅是失去了一个优秀的学生，还可能会制造一个问题学生。所以，教学的最高境界就是能够让学生在游戏中快乐地学习。

例如上述"活动现场1"的做法B中，教师用游戏的方式实现了玩中学，学生学得有趣；上述"活动现场4"的做法B中，学校用游艺的方式实现了玩中考，学生考得有劲。

又如数学还可以在玩扑克牌中进行教学，一位教师在教学"有理数的加法"这一节内容时，让学生用扑克牌来替代正负数来玩游戏，红色的为正数，黑色的为负数，让两个学生一组来抽扑克，每人抽两张，然后把它们相加，谁得的数大，则谁胜，学生在游戏中就把有理数的加法学会了。

比起其他玩法，让学生在玩电脑的过程中学习数学就更有吸引力了。如在学习"七巧板"时，一位教师通过网络下载了一些有关七巧板的游戏，让学生利用七巧板去拼猫、狗、船等图案，比一比谁的速度快，学生们争先恐后上台操作，显示自己的实力。

活法2：开展操作活动

在教学中，许多教师根据小学生好奇、好动、具体形象思维占优势等心理特征，从知识内在的联系和教学内容的具体要求出发，把大量的实际操作内容合理地安排在新授练习和复习巩固之中，通过摆一摆、拼一拼、画一画、剪一剪、折一折、量一量、掂一掂等活动，让学生在动手、动脑、用耳、用口的过程中，使多种感官协调活动。这样，不但有利于学生更好地感知知识、加深记忆，而且有利于学生形成智力技能，促进智力的发展。因此，正确指导学生进行实际操作，是提高学生素质和提高教学质量的一个重要举措。

例如上述"活动现场2"的做法B中，教师把原本只需要学生"算"的静态知识变成需要学生"做"的动态知识，学生在形象的呈现中很容易地理解了抽象的知识。采用实物操作开路的做法B与采用生活实例开场的做法A相比，可以大大节省教学时间，学生对知识更有一种实实在在的感觉。

又如一位教师在教学"丰富的图形世界"前，布置学生各买一张卡纸，分组制作圆锥、圆柱、棱柱、正方体、长方体等立体图形。学生听说数学的课外作业竟然是做手工，兴奋不已，根本不用老师介绍制作方法，一件件精美的成品就展示出来，毫无疑问这一节课已不需要老师再多费口舌了。数学课堂成了学生作品的展示会，至于主视图、俯视图、左视图的画法也在不知不觉中玩会了。接着，"丰富的图形世界"里有一节课的内容是关于感受立体图形的截面，单纯让学生靠空间想象去理解确实有点困难，于是教师就让学生各买一根白萝卜在课堂上切，先把萝卜削成圆锥、圆柱、棱柱等立体图形，再分别去截面，顿时课堂就变成了一顿丰盛的"萝卜大餐"，三角形、四边形等截面都出来了。如果老师直接去做，可能远没有让学生自己去做对学生更具有吸引力，兴趣更大，记忆更深刻，效果更好。

活法3：开展尝试活动

教师或许不知道，学生的手有时比成人更灵巧。因为他们青春年少，特别喜欢摆弄和探究一些新鲜玩意儿。教师或许只认为，那些静放在学生文具盒中的直尺、三角板、量角器、圆规等物品，只是几件学习的工具。然而，当学生新买这些学习用品后，他们有着一种好奇心和探究欲，在把玩中就会自己发现一些新知识，尽管比较模糊，但已经得到一些初步的认识。教师应根据学生的这种已有体验顺势展开教学。在此意义上，工具在学生手中就变成了一种"玩具"和一种"学具"。

例如上述"活动现场3"的做法B中，教师就把工具变成学生的玩具，早早地让学生购买了圆规，让学生在把玩中自己研究它的功能和用途，并在不断尝试画圆中逐步知道了它的使用方法。正式教学时，教师由学生的画圆引入圆的特征教学，这一做法既尊重了学生的已有经验，也最大程度地发挥了学生的主体作用。

活法4：开展实践活动

传统教学不大注意与学生熟悉的现实生活的联系，对知识应用的处理总是留有人为编造的痕迹，这在一定程度上造成了我们的学生强于基础、弱于应用，强于答卷、弱于动手，强于考试、弱于创造的不良局面。

教学实践活动要求和倡导的是以学生的自主性和创造性，学习过程的实践性、趣味性以及综合性为主要特征的多种活动，并以学生的直接感受、体验和操作等活动为学习的基本途径，通过观察、访问、调查、制作、实验、角色模拟等的体验和探究活动，以及运用言语、文字、图像和符号、动作等表现自己活动过程的思考和交流活动，完成自己的学习目标。

例如以"校园里的一棵大树大致有多少片树叶"作为一个小课题，回答这样问题至少不能只待在教室里，要求学生亲自观察、统计、实验、测算、估算等活动。但学生年龄段不同，活动的方式和范围也不同，低年级的学生可借助估算和游戏的方式进行，中年级的学生可借助面积和归一的方式进行，高年级的学生可借助比例和方程的方式进行。

教学实践活动按主题实现的方式来分类，一般可有三种：主题深化模式、主题辐射模式和主题分解模式。

主题深化模式是指活动围绕一个主题，分成若干阶段，将主题层层推进，逐步深化。例如一位教师设计了"巧铺叶老师家的客厅地砖"为主题的数学实践活动经历了以下6个阶段：阶段1，联系实际参观叶老师家的客厅，并进行实地测量；阶段2，确定"巧铺地砖"的活动主题；阶段3，通过调查访问，了解地砖的规格和单价；阶段4，整理数据，实际操作设计；阶段5，讨论交流；阶段6，撰写结论，表述成果。

主题辐射模式是指围绕主题，发散思维，设计实现主题的不同渠道，开展与主题相关的活动方式。例如一位教师设计了以"春游经费预算"为主题的数学实践活动安排了以下4个渠道：渠道1是春游活动的"租车经费预算"；渠道2是春游活动的"门票经费预算"；渠道3是春游活动的"吃饭经费预算"；渠道4是春游活动的"拍照经费预算"。这些渠道之间相互作用小，无先后顺序关系，无严密的因果逻辑，彼此独立、并列。

主题分解模式又称主题立体模式，即确立主题（母题），将之分解成若干子主题，子主题还可进一层分解，使整个活动内容系列化、渠道立体化、方法多样化。"母题"可由教师和学生商量确定，子主题的完成可以是学生个体，也可以是小组；确定、分解过程以教师为主，完成、整合过程以学生为主。分解模式一般适应于综合性、系列性较强的大综合数学实践活动，它的活动探究时间一般较长。

07. 学生：厌倦了教师隔三差五的提醒和接二连三的提问，该怎么办？——

教师：让学生在"无声"中学得有声有色

我们都有这样一个惯常认识，那就是教师吃的是开口饭、练的是嘴上功夫，如果哪一天教师上课时不说话了、说不出话了，那么这样的教师接下来面临的可能就会是被"下课"。因为我们还有这样一个惯常思维，那就是教师如果上课时不说话，那是无法上课的。

其实，教学语言除了口头语言，还有书面语言和体态语言。对有些教学内容或在有些教学环节中，教师放弃口头语言，只使用书面语言和体态语言，同样能够在默默无语中上好课。这样的课，因为学生难得一见，所以教学效果或许要比原来那种有声教学更好。

一、无声的牵挂，让学生感到"不好意思"

活动现场 1

[做法 A]

开学的第一堂课，萧老师讲解的是宋代诗人僧志南的诗，"沾衣欲湿杏花雨，吹面不寒杨柳风。"绵绵的春雨仿佛伴随诗人在杏花丛中轻吟浅唱，宛若一曲丝竹在柳丝间抹出一缕缕的思念。我仿佛在萧老师所描述的那种意境里沉醉着，一首好诗，就像是一朵浪花，能够让你去想象大海的浩渺。

哈哈，真该感谢屈原开创了诗歌之风，来年我一定要多吃几个粽子，去划龙舟夺第一来感谢您。虽然我很怕水，是个典型的旱鸭子，力气又小，辨别方向的能力不强，但我想，如果只有我一个人去比赛的话，那么我赢的几率肯定就非常大咯。屈原爷爷你说是吧？说不定你还会欣慰地从水里飞出来看我呢？嘻嘻……

"夏萧雅同学……"突然听到老师叫我的名字，我连忙从幻想世界里面脱离出来。我忙举起右手，情急之下竟回答了："屈原爷爷，我一定会拿个第一名给你看的。相信我！"说完后，我才彻底清醒，真想找个地洞钻。同学们都笑得超级夸张。

"嗯！夏萧雅同学真不错！我讲解诗歌，她就联想到屈原。看来夏萧雅同学的妄想症又加深了不少哦！要不要让老师来帮你治一治啊！罚抄校规五百遍！"萧老师顶了一下她的金丝眼镜。同学们更是笑得前俯后仰。

[做法B]

学生认真做着习题，只有他在折纸飞机并飘落在旁边的走廊中。我若无其事地走过去，轻轻拾起纸飞机夹在我的数学书里。他边做题目边紧张地偷看我。我没有责备他，似乎什么事情也没有发生。我的"不作为"反而让他一直"认真"到下课。

第二天上课，他特别认真，我知道他担心着昨天的那件事。我有意无意地打开数学书，露出那只纸飞机尖尖的一角，我发现他由紧张变成惊讶——纸飞机竟成为老师的书签，接着他的眼中流露出一种感激。此后，这只纸飞机一直牵引着他、激励着他认真学习。

活性分析

做法A中，那个学生在课堂中开小差的原因并不是教师讲课枯燥造成的，也不是学生不想听老师讲课造成的，恰恰是教师讲得太生动、学生听得太投入而造成的，这是一种陶醉后无意识的思想漫游。然而教师不明就里，只是一相情愿地认定这种开小差是学生学习不认真，于是进行了粗暴的语言讽刺和简单的罚抄校规的惩罚，让学生感到伤心。

做法B中，教育不一定非得教师苦口婆心，或者说教师的"苦口"不一定能获得好的教育效果。有时，教师不妨寻找一些可以牵动学生心思的替代品来替代你的话语、转达你的心意。那只纸飞机无疑是学生开小差的"杰作"，然而教师并没有因此教训学生，而是在其他学生不注意的情形下悄悄地拾起飞机夹在自己的教本中，并且一直不做声张，只是时不时地露出"尖尖角"，让那个学生感到教师的关注。可以说，这只纸飞机勾住了那个学生的注意，尽管教师没有说什么，却时时在提醒着那个学生注意和约束自己的行为。

二、无声的导入，让学生觉得"很有意思"

活动现场2 数学·"面积和面积单位"

[做法A]

一、创设情境，初步感知

1. 出示米尺和学生尺。比一比，有什么不同？（长短不同，大小不同）你们所比的长短指尺的什么？（长度）大小又指的什么？（尺子的面）

2. 小结：今天我们一起研究有关物体表面的知识。

二、充分感知，引导建构

1. 通过物体表面感知面积。

（1）指一指：我们身边有很多物体，比如黑板、幕布、书本、课桌等，它们的表面在哪儿？

（2）摸一摸：摸一摸这些物体的表面，有什么感觉？

（3）比一比：这些物体的表面，哪个大一些？哪个小一些？

指出：我们把物体表面的大小叫做它们的面积。

（4）说一说：黑板的表面比课桌的表面大，现在还可以怎么说？

2. 通过封闭图形认识面积。

（1）认一认：有哪些封闭图形？

（2）指一指：封闭图形的面积在哪里？

（3）比一比：哪个封闭图形的面积大一些？

3. 归纳面积的概念：物体表面或封闭图形的大小叫做它们的面积。

[做法 B]

一位教师在教学"面积和面积单位"时，上课开始，他高举右手，手掌面向学生，一言不发，学生觉得奇怪，个个都注视着他。稍停，只见他用手掌面去摸黑板面、讲桌面和课本面，接着就引入了新课的学习。这样的默默无语既设疑又激趣，比用语言直接讲解表达效果更好些。

活性分析

做法 A 中，从两根尺子的比较中，引发学生已有的旧知"长度"和相关"物体表面"的经验，自然体验由"线"到"面"的空间飞跃，引出对"物体表面"的研究。在观察比较中，学生也初步感知了长度与面积的区别。建构主义认为，学生的建构不是教师传授的结果，而是通过亲身经历，通过与学习环境的交互作用来实现的。"面积"是什么？说不清，道不明，但只要动手"指一指"、"摸一摸"、"比一比"，学生就能做到心中有数，进而水到渠成地归纳出面积的意义。

做法 B 中，教师一反常态，没有像以前上课那样滔滔不绝地讲课，而是默默无语，这一开始就让学生感到奇怪，没有哪个学生不想知道教师此举为何意，所以比以前任何一节课都认真，紧紧地盯着老师看老师接下去会怎样上课。教师不说话，只是用手势进行无声的演示。此时，手势也就是一种肢体语言，同样能够表情达意。手势语具有指示、象形、象征、情意等多种类型，它和其他非言语行为一样，不仅可以补充和强化语言信息，而且可以替代语言信息，甚至有时还能起到语言信息所起不到的作用，收到"此时无声胜有声"的效果。

三、无声的解读，让学生推敲"什么意思"

活动现场 3 数学·"认识倒数"

[做法 A]

一、创设情境，生成问题

师："请同学们结合语文学习，猜几个字。如果把'杏'字上下颠倒，变成什么字了？"（呆）"把吴字颠倒呢？"（吞）"那数学中的数是不是也有这样的特性呢？"

师："一个数也可以倒过来变成另一个数，比如 $\frac{3}{4}$ 倒过来变成哪个分数？$\frac{1}{7}$ 呢？你能根据它的特性给它起个名字吗？"（倒数）"今天我们就一起来研究倒数。"

二、探索交流，解决问题

1. 计算下面各题。

$\frac{2}{3} \times \frac{3}{2} =$ $\frac{8}{11} \times \frac{11}{8} =$ $2 \times \frac{1}{2} =$ $\frac{1}{10} \times 10 =$

师："观察这些算式有什么特点？计算的结果呢？"

揭示：乘积是 1 的两个数互为倒数。

2. 求一个数的倒数的方法。

（1）观察互为倒数的两个数有什么特点？怎样求一个数的倒数？

（2）小组讨论：2 的倒数是多少？1 的倒数是几？0 有没有倒数？0.8 的倒数是多少？

[做法 B]

今天的课有点奇怪和特别，教师走进教室竟然不讲话只写字。首先在黑板上快速地写了一行字"乘积是 1 的两个数"，接着又写了一个算式"（　）×（　）=1"让学生填空，学生纷纷举例。教师在填空中的两个数下面连线写上"倒数"两字，接着在板书的"乘积是 1 的两个数"文字后面补上"互为倒数"四个字。

教师把学生列举的分数与分数相乘的算式放在一起写成一列，然后在每个算式的两个分数上方打上"？"，学生明白教师想说的意思，那就是观察这两个分数有什么特征，发现"两个互为倒数的分数的分子和分母的位置颠倒"，于是教师在"倒数"一词的"倒"字下打圈。

教师在屏幕上打出一组讨论题：2 的倒数是多少？1 的倒数是几？0 有没有倒数？0.8 的倒数是多少？

活性分析

做法 A 中，教师从文字的颠倒导入数字的颠倒，这种教学是从知识的外在形式向知识的内在机理"包围"的方式，其不符合知识发展的演绎方式，没有让学生一开始就抓住知识的本质，这样的学习是一种"外围"式学习。有意义的教学应该是，首先让学生明白倒数的意义，然后以此为根据观察倒数的外在特征，掌握求倒数的方法。

做法 B 中，教师打破常规，一节课中不说话只写字，让学生感到奇怪和奇特，由此产生一看究竟的兴趣，并看得津津有味，所以学生在这样的"无声"教学中比在以前习惯的"有声"教学中更专心和更用心。教师的指点，点在知识的关键处，引导学生观察与思考，并想得积极专注。整节课，教师就是依靠"一点点"的板书配上"一点点"的动作，精确"写"出了和精彩地"指"出了完整的知识教学。

四、无声的评价，让学生寻找"正确意思"

活动现场4 数学·"比的基本性质"与"除数是整数的小数除法"

[做法 A]

教学"比的基本性质"，在化简比"$\frac{4}{9}:\frac{2}{3}$"后，教师让学生想想还有没有其他的化简方法。其本意是想让学生知道可以利用求比值的方法化简比。有个学生正如教师所愿，真的很快想到了用求比值的方法化简比，于是，教师"你真聪明"的评语脱口而出。

有了老师的夸奖，全班学生就一哄而上，都只用此法化简比，没有学生思考为什么能这样化简，以致学生把化简比和求比值给弄混淆了，教学也因此走了回头路。

[做法 B]

教师在引导学生归纳总结出"除数是整数的小数除法"计算法则后，让学生练习"1.69÷26"。有个学生的计算结果是 6.5。这一结果是错的，但教师并没有急于评价，而是不声不响地随即又写了两道习题："16.9÷26"和

"169÷26"。学生在完成以上两题后，顿时醒悟并知道了自己的计算错误在于"商的小数点没有和被除数的小数点对齐"。

紧接着，教师让学生比较"25.5÷6"、"86÷16"以及"1.69÷26"这三道题的商与1的大小关系。生1说："被除数前两位比除数大，商就比1大。"生2说："被除数的整数部分是两位数，商就比1大。"这时，教师依然没有急于评价，而是默默地看着学生，好像在期待着什么。这时，生3说："老师，对第一位同学的说法，我觉得她讲得不太准确，只要直接说'被除数比除数大，商就大于1'。对于第二位同学的说法，如果计算25÷25，商等于1而不大于1，说明他的讲法是错误的。"生4说："当被除数小于除数时，商就小于1。"同学们纷纷点头，这无疑是对正确答案最好的评价。

活性分析

做法A中，实际上，利用求比值的方法化简比，其实质仍是利用比的基本性质，只是后项除以后项结果正好是1而已。教师如果在学生理解为什么能用求比值的方法化简比之后再给予评价则可避免学生混淆概念。可见，脱口而出的及时评价有时会误导学生，阻碍学生获得正确知识。

做法B中，良好的教学景象充分说明"无声"的延时评价能使学生获得主动发现问题的时间，能够及时地调整学习节奏，保护学生积极的学习心理。延时评价注重尊重学生人格、理解学生学习处境和保护学生的自尊心，同时还具有反思功能，引导学生自我反思并改进。譬如，当学生拿到试卷后，好多学生只看看分，认为分很高，就不去反思学习上存在的问题。教师如果先不评分，学生的注意就必然会转移到查错和改错上来。因此，延时评价从这个意义上来说就能够促使学生对阶段性学习进行反思，并在反思的基础上进行改进。

—— 活学活用 ——

在采用"润物无声"教学策略，以追求最终"不把学生教死"之良好教学效果的过程中，教师可以从以下几方面进行考虑。

活法1：无声胜过提醒

据西方人体语言学家艾伯特·梅瑞宾教授研究发现，在一条信息传递的全部过程中，只有38%是有声的（包括音调、变音和其他声响），7%是语言

（只是词），而55%是无声的。大量的研究结果还表明，无声信号传示出的交际效果是有声信息的5倍。他提出一个著名公式：交谈双方的相互理解＝语调（占38%）＋表情（占55%）＋语言（占7%）。

教师非言语交流包括体态语言。体态语是指人在交际过程中，用来传递信息、表达感情、表示态度的非言语的特定身体态势，大体包括手势语、表情语等。教师丰富的体态语言实则是一种教学艺术，往往可收到千言万语难以达到的效果。体态语具有以下功能，时刻提醒着学生注意。

一是具有调控功能。美国作家爱默生说："人的眼睛和所说的话一样多，不需要字典就能够从眼睛的语言中了解心灵世界。"教师常常通过自己的面部表情、眼神、手势等体态语来表达对学生课堂行为表现的肯定或否定，从而达到控制学生课堂行为、维持课堂教学秩序的目的。例如课堂上个别学生不注意听讲或精力分散，教师可以在讲课同时用目光关注一下，即可达到提醒的目的；又如学生回答问题时，教师可以像"活动现场4"的做法B那样微侧着头，微笑着，静静地等待着，学生此时看到的是教师在提醒自己再想想的用意。

二是具有反馈功能。体态语反馈和言语反馈是教师获得教学反馈信息的两条重要渠道。但相比较之下，前者更具独特的作用，是教师及时获取教学反馈信息最恰当、最有效的方式，即随时观察学生的面部表情、眼神、手势等体态语动作，从而实施或调整自己的教学行为。例如"活动现场1"的做法B中，教师悄悄地拾到了一个学生违纪的"罪证"，发现此物牵连着学生忐忑不安的心，于是采取宽容与善待的态度感动了学生，在以后的教学中，教师则用时时露出这个"有情之物"来达到时时提醒学生的作用。

活法2：无声胜过提示

另据雷·L.伯德惠斯特的研究：每人每天平均只用10～11分钟的时间讲话，平均每句话只占2.5秒钟左右，人们面对面交谈时，其有声部分低于35%，而75%的交际信号是无声的，即75%的"社会意义"是通过非语言方式传送的。那么，在课堂中，教师能否也少说话，而更多地用非语言实现与学生的知识交接与思想交流，甚至实现75%的"教学意义"也能通过非语言方式传送？对此，教师要很好地发挥体态语的作用，除了上述调控功能和反馈功能外，教师还应该好好开发和利用体态语的另外两个功能。

三是具有辅助功能。教师体态语的运用能激发起学生丰富的想象力，有助于学生理解和记忆体态语所表征的内容。例如"活动现场2"的做法B中，教师的手势动作无声中吸引着学生的眼球，并促使其快速开动脑筋领悟教师的手势所表达的语意。教师简单的动作，带给学生不简单的思考。

四是具有化难功能。教学中，体态语既是言语的辅助形式，又能对重点知识起强调作用，能加深学生对知识的理解。而且在教学一些比较抽象的概念时难用语言说清，若教师能通过体态动作把概念的意思准确、形象地表达出来，有利于学生对概念准确深刻地理解，使教学达到事半功倍的效果。例如"活动现场2"的做法B中，教师用手掌面摸黑板面，在"面""面"俱到中很容易把学生的目光聚焦到物体面和面的大小上，也就能很容易引出面积的概念。

活法3：无声胜过提问

有人说，禅的最高境界是无字，音乐的最高境界是无词。我想教学的最高境界是"无声胜有声"、"润物细无声"吧。学生在平常的教学中听惯了教师滔滔不绝的情况下，突然有一天的课变成了"哑巴课"，教师只做动作、只写字、不说话，这种出其不意的教法将会让学生感到十分惊奇。由此可见，体态语还具有第五个功能，那就是激趣功能。

例如"活动现场3"的做法B中，教师只是默默地在黑板上板书，然后默默地用手指指点，这些行为指向非常明确，不需要再用语言提问，学生就已经能够理解其所表达的体态语，踊跃地回答教师所指的问题。此时，教师的"不说话"，却有效地促使学生说得更多，并能说出自己的话。

又如有一位英语教师，有一天因感冒嗓子哑了，在领读课文时，她只能努力地慢慢地说，最后只剩下"唇语"和肢体语言。奇怪的是，那节课的学生比以前听得更专心和认真，他们无不仔细观察并模仿着教师的嘴形，教学效果出奇的好，当然这又是"无声"教学的功劳。

08. 学生：在学习中常常看不到知识的人化和化人，该怎么办？——

教师：让学生成为学习的"性情中人"

知识常常表现出理性的一面，如果教学仍然采用以理说理的方式，那么这样的教学给学生的感觉更多的会是一种板着脸的说教，教学的气氛会比较沉闷。其实，知识也可以表现出感性的一面，这就需要教师能够凸显知识教学中的"人"的元素和作用，把知识变成由学生自己创造出来的作品，这就是一种"人化"的过程，然后通过知识影响或改变学生的认识，这又是一种"化人"的过程。总之，有"人"存在的教学内容和有"人"参与的教学活动，才会充满生命的活力。

一、特别，让学生成为学习的"名人"

活动现场1 教学·"因数和倍数"

[做法 A]

在教学"因数和倍数"的最后阶段，一位教师安排练习多道习题后，让学生写出自己学号数的所有的因数，之后学生发现在这五十几个学号数当中，因数个数最少是1，1的因数只有1。

[做法 B]

在教学"因数和倍数"这一内容时，在最后阶段一位教师也设计了这样的练习，让学生写出自己学号数的所有的因数："请同学们猜一猜，在这五十几个数当中，因数个数最少的是哪一个？"

生："是1，一定是1。"

教师走到"1"号学生身边，握住这个学生的手，并举起学号卡片"1"："虽然'1'是因数个数最少的一个数，但它又是最受欢迎的一个数。同学们，你们知道这是为什么吗？"

生："在我们的因数中都有一个'1'。"

师："所有的自然数都有因数'1'，'1'是所有自然数公有的因数……"

活性分析

做法 A 中，教师及时利用学生身边的资源，用学生的学号做文章，使研究的数字与学生自己的存在建立了亲密的关系，让学生充满感情地进行知识的探究活动。

做法 B 中，教师也利用了学生学号设计练习，只是当学生发现"1"的特殊性之后，教师在学生情感的激发上又向前跨出了一步，巧妙地把"数学"提升成"人学"，特地走到学号为"1"的学生那里，握住这个学生的手，通过儿童化的语言"虽然'1'是因数个数最少的一个数，但它又是最受欢迎的一个数"，既让"1"号学生因"独一无二"的特别地位而感到备受关注，又让全体学生鲜明地感受到了"1"的独特性。可见，教师这种多此一"举"的教学方式无疑能够受到学生的欢迎。一旦这些数学知识在情感的作用下被学生们所认同、所接受，那么这些数学知识将会自觉纳入到学生的认知结构，并留下永久的印记。

二、喻言，让学生成为学习的"好人"

活动现场 2 数学·"四则混合运算"

[做法 A]

学生在学习四则混合运算时，往往对先算什么、后算什么的运算顺序容易混淆，因而出现计算错误。在教学这个内容时，对四则混合运算算式中为什么要先做乘除后做加减，一般教师都采用告诉的方式，让学生知道这是数学上的一种规定，我们只需要按规则办即可。

[做法 B]（提供：李定泉）

一位教师教学四则混合运算时，并没有简单地告诉学生应该先乘除后加减，而是换了一种比拟的说法："加减法是年轻人，乘除法是老年人。在路上，如果年轻人碰到老年人，应该怎么办？"

学生们异口同声地说："当然是年轻人要给老年人让路啦。"

教师随即表扬学生："你们真是有礼貌的孩子！给老年人让路，是讲文明、讲礼貌的表现。在进行四则混合运算时，也有着类似的规则，要先做乘除后做加减。"

"哈哈，有意思，我们明白了！"学生们说。

接着，学生开始进行课堂巩固练习，从全班学生练习的反馈情况来看，都能按正确的运算顺序进行计算，收到了很好的教学效果。

活性分析

做法 A 中，有些数学知识属于一种规定，例如运算顺序，其中并没有那么多的"为什么"可解释，一般教师都只能采用告诉的方式让学生背记。在这种情形下，这种只讲"是什么"的陈述性知识教学与那些大讲"为什么"的程序性知识教学相比，就可能会显得比较死板与生硬，学生往往缺乏学习的激情。

做法 B 中，教师没有总是以大人的眼光、从成人的角度去看问题和想问题，而是站在儿童的立场思考学生喜欢的接受方式——用比拟的手法讲数学知识。教师语言的俏皮中蕴涵着智慧、诙谐中浸润着思考，让学生在形象化的比拟中愉快地记忆了数学规定，以后学生在回忆这种数学规定时可能首先想到的恰恰就是这种生动的比拟。此外，教师提供给学生的是开放的问题情境，使得学生的奇思妙想有了生长的土壤。更重要的是，教师的这种比拟中闪烁着人性的光芒，无形中对学生进行着尊敬老人的思想教育。

三、辩论，让学生成为学习的"强人"

活动现场 3 数学·"轴对称图形"

[做法 A]

在"轴对称图形"课中，学生在研究"以前学过的平面图形是不是轴对称图形"的过程中，一般教师的教学预设都把重点和难点放在了"判断平行四边形是不是轴对称图形"这一问题上，而对平行四边形中的特殊情况"菱形"一般不加关注。同样，对三角形和梯形中的特殊情况，要么无意顾及，要么有意回避。

[做法 B]

师："大家想不想知道以前学过的图形里哪些是轴对称图形？请同学们打开信封，拿出表格与图形，通过折图形完成表格内的填空。"（表格里涉及"图形名称"、"是不是轴对称图形"、"有几条对称轴"三项内容）结果，各小组在汇报的过程中，对于三角形是不是轴对称图形产生了两种意见：一种认为三角形是轴对称图形，另一种认为不是。

师："谁是谁非，大家来个辩论赛吧！认为是的为正方，认为不是的为反方。现在，两方选代表上台陈述理由吧。"

生（正方）："大家请看，我们组的三角形经过对折，折痕两边能完全重合，证明三角形确实是轴对称图形。"

生（反方）："同学们看好了，我们组的三角形折来折去，折痕两边就是不重合，说明三角形不是轴对称图形。不信，你来试试！"（反方发出了挑战）

正方学生代表不服气地接过反方的三角形，试了半天，折痕两边就是不重合。这时，教室里安静极了，因为学生们的眼睛都在望着老师。

生："两个三角形不一样！"（他的声音像一声响雷打破了沉静）

师（惊讶）："怎么不一样了？"

生："正方的是一个等腰三角形，而反方的不是等腰三角形。"

师（竖起大拇指）："完全正确！"

此时，学生们才发现，老师放在信封中的三角形是不一样的。原来等腰三角形是轴对称图形，而非等腰三角形不是轴对称图形。

师（微笑）："还有什么想法？"

生："我认为等边三角形也是轴对称图形，它应有3条对称轴。"

师（高兴）："那我们快来验证一下吧！"

活性分析

做法 A 中，课堂状态并没有出现一波三折的跌宕局面。一是可能由于教师对知识发展轨迹的把握不够，例如"三角形不是轴对称图形"，是对一般三角形而言的，但其中的一些特殊三角形（等腰三角形、等边三角形）却是轴对称图形，然而当它们置身于一般的"大家庭"中，却只能说"三角形不是轴对称图形"。如果学生能够认识到这一点，这样的认识才是全面的，这样的学习才是完整的。二是可能由于教师不想"多事"而让自己难以调控局面，所以常常采用不让教学节外生枝的策略，抛弃或放弃一些容易出现分歧和争议的内容。

做法 B 中，问题可以说是学生学习的起点、学习的诱因，而自相矛盾的问题更是激发学生求知的动力。量子物理学家尼尔斯·波尔说过："当我们遇到自相矛盾的问题时，真是太棒了！因为我们就有希望获得一些进展了。"教师有意在信封中放入不同的三角形，别具匠心地设置了自相矛盾的"陷阱"。在学生进入"圈套"后，教师从容地引导学生展开辩论。在辩论中，正反两方的学生情趣高昂，最终学生不仅发现了"秘密"，解决了矛盾，加深了对知识的理解，还发现了等边三角形应有3条对称轴的新问题，可谓"硕果累累"。

四、发散，让学生成为学习的"高人"

活动现场4 数学·"5 的乘法口诀"

[做法 A]

一般教师在概括出"5 的乘法口诀"后，首先让学生用各种方式进行口诀的背记——顺背、倒背、跳背或横背、竖背、抽背，然后安排一些习题检测学生的背诵情况，并让学生运用口诀解决一些实际问题。

[做法 B]

一位教师在概括出"5 的乘法口诀"后，有意地设计了以下问题：谁能找出身边与 5 有关的事例？提出一个数学问题，并能用 5 的乘法口诀解决它？

生1："手。一只手有 5 个手指，我有一双手，共有多少个手指？二五一十，10 个手指。脚也是这样。"

生2："老师，你的衣服上有 5 个纽扣。一件衣服有 5 个纽扣，做 7 件这样的衣服一共需多少个纽扣？五七三十五，35 个纽扣。"

教师走近事先摆放在窗台上的两盆花，坐在窗前的几个小朋友几乎是异口同声地说出："花。"

教师顺势拿起一个花盆说："同学们能数一数花盆里有几朵花吗？你能提出一个数学问题吗?"

生3："每个花盆有 5 朵花，3 盆这样的花盆有多少朵？三五十五，有15 朵。"

正当教师要准备下一个环节时，一个学生怯生生地举起手，教师示意他可以继续发言。

生4："老师，我们班级后面的黑板上写有一首诗，李白的《静夜思》：'床前明月光，疑是地上霜。举头望明月，低头思故乡。'"

教师此时按捺不住激动的心情，双手竖起大拇指，并带领全班同学给予这位同学以热烈的掌声。"请全班同学据此提出数学问题，并解答好吗？"

"每句有 5 个字，4 句有多少个字？有 20 个字，四五二十。"孩子们充满自信的童声响彻整个教室。

活性分析

做法 A 中，教师对乘法口诀采用的是"先背记后运用"的教学策略，所以把注意力放在采用多种方法让学生背记上，于是学生只能在强迫记忆的枯燥与痛苦中掌握"5 的乘法口诀"。

做法 B 中，教师对乘法口诀采用的是"边运用边背记"的教学策略，所以学生的注意重点放在了口诀在生活中的多种运用上，同时教师并没有局限于教材上的练习题，而是让学生放眼身边的生活，发现了可以使用"5 的乘法口诀"的许多丰富多彩的生活例子。这样的学习因为背景的不断变化而让学生感觉不单调、不枯燥，并在多次接触各种材料中不断运用"5 的乘法口

诀"，无形中多次强化了学生对"5 的乘法口诀"的记忆，快乐地达到了掌握
"5 的乘法口诀"的教学目标。

—— 活学活用 ——

在采用"情投意合"教学策略，以追求最终"不把学生教死"之良好教
学效果的过程中，教师可以从以下几方面进行考虑。

活法 1：闪现学生学习的"人性"

在教学活动中，学生是以一个个独特、鲜活的生命体存在的，他们普遍
有着得到尊重、得到赏识、得到表现、得到支持的人性需求。在教学中，教
师应该照顾和满足学生的这种人性需求，尽管在平时教学中不可能对所有学
生面面俱到，但如果有一些合适的教学内容能够闪烁人性的光辉，教师就应
该创造机会来"突出"学生，让学生"闪亮"一下，获得教师和同学的
青睐。

例如上述"活动现场 1"的做法 B 中，教师没有直接出示一些简单的数
让学生求因数，而是让学生用自己的学号做学问。这样的练习就有了"生
命"，学生会满怀热情地投入学习。更重要的是，教师"突出"了其中的一个
特殊学号的学生，说出一番意味深长并且激动人心的话语，隐含着学习的知
识，也隐含着人生的哲理。这样的生命化教学，使得学生的人性得到了充分
的尊重与张扬。

又如在"认识几分之一"的数学课中，一位教师在教学分数的各部分名
称的时候，首先介绍了"分母"，学生由此猜想出"分子"的命名，此时教
师感慨万千："同学们，你们看，'母亲'多伟大啊，在下面托着它的'孩
子'！"通过这种方式教学，知识就与人的生命息息相通。

活法 2：显现学生学习的"仁性"

人之初，性本善。好的教学应该引导学生积极向善，在获得知识增长的
同时还能获得思想的进步。然而，这种学科中的思想教育却不能赤裸裸地灌
输给学生，因为当学生知道你在教育他时，你的教育就已经失败了。我们需
要的是一种潜移默化的教育，润物而无声。这时，就需要教师能够善于创设
一种美好的情境，或者创造一种美妙的语境，让学生得到思想的熏陶和行为
的感染。

例如上述"活动现场2"的做法B中，教师很巧妙地把数学上的知识规定与生活中的道德规矩联系在一起，让学生在类比中记住了知识上的规定，并且无形中对学生进行了一次尊敬老人的思想教育，一切都显得那么自然和自在。

又如在"认识几分之一"的数学课中，一位教师在课堂结束时设计了这样一个视频："4个小朋友平均分一个蛋糕，每人可以分得这个蛋糕的（四分之一）；结果后来又来了4个小朋友，于是他们在上面分的基础上又拦腰一分，这样每人分得这个蛋糕的（八分之一）；当他们准备吃的时候，又来了一个小朋友，于是其中一个小朋友把自己分得的那份蛋糕又一分为二，把其中的一份分给了后来的那个小朋友。请问：最后那个小朋友分得的蛋糕是原来整个蛋糕的几分之一？"这个视频中既有数与数之间的相关问题，也隐含着人与人之间的交往问题。

活法3：体现学生学习的"韧性"

学生都有一种好强、好胜的竞争心理，骨子里有着一股不服输的韧劲。在教学中，教师应该为学生敢于表现自己和勇于表达自己提供机会和舞台，让学生形成你追我赶、你争我辩的学习态势。教师应该有意识地把知识的正与误、正与反呈现在学生面前，组织和引导学生对此展开讨论甚至辩论，让学生在思想互动中能够更加清楚、全面、深刻地理解知识的本质。

例如上述"活动现场3"的做法B中，教师有意安排了可以让学生产生不同意见的探究材料，然后组织学生分成正方与反方进行辩论，两方学生在各自据理力争的语言交流和观点碰撞中，终于明白其中蕴涵的深层次问题。并且，学生在知识总动员和精力总投入中，对这种知识和这次活动都会有刻骨铭心的感受。

活法4：展现学生学习的"任性"

学生都有一种随心表达自己个性和率性、表达自己思想的强烈欲望，教师应该为学生的这种"任性"提供方便和方法。在教学形式上，教师不能框住学生的手脚，让学生缺乏自由伸展的空间；在教学内容上，教师不能挡住学生的视野，让学生缺乏自由呼吸的空气。相反，理想的教学进程应该随着学生的生成而形成，理想的教学取材应该伴着学生的生活而搞活。

例如上述"活动现场4"的做法B中，教师没有按照一般教师教学设计的套路让学生颠来倒去地背诵"5的乘法口诀"，也没有按照教材编排的一道道练习题让学生按部就班地做题目，而是用学生身上的所有和学生身边的所见来自编习题进行练习，既可以让学生感到生活中处处有学问，又可以让学生在自己编写习题中感到创造的快乐。这样就把"做老师的题目"变成了"做自己的题目"，学生的感觉是完全不同的。

09. 学生：常常以为板演只是别人的表演和个别人的表演，该怎么办？——

教师：让学生在板演中"表演"自己

　　学生的板演，是教学的重要一环，是学生的一项特殊的学习实践活动，是教师获得信息反馈和激发学生学习兴趣的有效途径。

　　板演在教学中创设了多渠道的反馈调节作用，包括教师对学生的反馈矫正、学生相互间的反馈矫正、学生自己的反馈矫正，而且反馈速度比较快，矫正比较及时。教师通过学生的板演，可以获取课堂教学的反馈信息，更有利于教师对教学进行自我反思和自我评估，并及时进行教学调整。然而，相对于课堂教学的其他环节，板演是最薄弱的一环，常常被教师所忽视。

一、选择好板演的对象

活动现场 1 **数学·"异分母分数加减法"**

[做法 A]

教材中，"异分母分数加减法"在"练一练"中有两道练习题。

第 2 小题：估计下列哪些算式的结果比较接近 1，$\frac{1}{2}$，0，再算出来。

$$\frac{3}{4} + \frac{1}{5} \qquad \frac{1}{5} + \frac{1}{3} \qquad \frac{2}{3} - \frac{3}{5}$$

$$\frac{5}{8} - \frac{1}{9} \qquad \frac{1}{10} - \frac{1}{20} \qquad \frac{5}{6} + \frac{1}{4}$$

第 3 小题：计算。

$$\frac{2}{3} + \frac{1}{4} \qquad \frac{4}{5} + \frac{1}{3} \qquad 1 - \frac{2}{5}$$

$$\frac{5}{7} - \frac{5}{14} \qquad \frac{8}{9} - \frac{5}{6} \qquad \frac{1}{6} + \frac{3}{8}$$

　　一位教师让学生独立完成，做完的学生举手。然后教师请举手的学生到黑板上板演，并根据这些学生的板演给学生讲解。讲解结束，教师让做对的学生举手，做错的学生订正。

[**做法 B**]（提供：赖华东）

在教学这两道练习题时，我首先根据学生的实际情况，对教材题目的顺序稍作调整，按照第 3 小题、第 2 小题的顺序组织学生练习。

先让学生独立计算第 3 小题，我同时请学习中等的学生上台进行板演。板演完后，我请全班学生看黑板，一起做小老师，订正出现的通分错误、格式错误等，随后交流异分母分数加减法的方法。

第 2 小题有估算的要求，分数的估算对学生来说接触较少，我引领学生进行估算，并请学生说说自己是怎样判断的。之后，学生独立完成计算的任务，我同时请班上学习困难的学生上台板演。最后，请学生逐题判断正误，错的请学生订正，并说明错的原因，总结应注意的问题。在这个过程中，我注意保护做错题学生的自尊心，引导学生明白这些错误的呈现实际上是有助于我们学习的。

活性分析

做法 A 中，这种学生的板演和教师的反馈，花时不多，似乎也完成了教学任务。但细究一下就会发现，这种方法有走过场之嫌：一是板演的学生基本上都是学习比较好的学生，他们做得较快，而且基本都能做对（先做完的才有时间到黑板上板演）；二是讲解时只是把正确的解题过程和答案在黑板上重现；三是教师要求"做错的订正"，做错的学生不一定知道错的原因，即便订正也是依样画葫芦，况且，个别学生对自己的错误熟视无睹，根本不去订正。一般来说，这样的教学流程，对已经掌握的学生来说，只是进行了机械的训练；对于没有掌握的学生来说，不会还是不会。

做法 B 中，与做法 A 相比，首先是板演的对象不一样。做法 A 面向的是优等生，板演的目的只是让优等生把正确的算法写出来，做个示范，但对于学习困难的学生来说，这样的板演对于他们纠正自己的错误意义不大。做法 B 第 3 小题先由中等生板演，第 2 小题面向学习困难的学生，暴露不同层次学生出现的不同的典型错误。在练习中处理出现的错误，这样的教学针对性强一些，因为练习就是查漏补缺、发现问题、解决问题的过程。

其次是学生的学习状态不一样。做法 A，长期下去，优等生也会失去兴趣，对于他们来说，只是在会的基础上多做了一些训练而已；学习困难的学生也不会有积极性，因为老师对他们没有太多的关注。做法 B，全班学生积极性都很高。优等生，在发现错误、订正错误的过程中积极思考；学习困难的学生，因有机会上台板演而高兴，上台板演、全班订正时，他们都在积极地思考。

二、选择好板演的方法

活动现场 2 数学·"三位数除以两位数"

[做法 A]

在教学"三位数除以两位数"时，一位教师在讲解"五入试商"方法后，让学生巩固练习"用竖式计算266÷38"。她指名一个学生上黑板板演，其他学生则把竖式演算在自己的自备本上。

按照"五入试商"的方法，"266÷38"应该把"38"看做"40"后试商"6"，结果发现商小了，然后调商为"7"。在其他学生埋头苦算的时候，板演的这个学生却没有像老师那样在竖式上先写"6"后再擦掉改成"7"，而是轻轻地写上"6"后直接重重地改成"7"，原来那笔迹很淡的"6"被覆盖得几乎看不出痕迹。

因此他比其他同学算得都快，回到座位上等待。当全体学生都完成后，抬头看到板演学生的结果是正确的，教师肯定后打上红钩。

[做法 B]

在教学"三位数除以两位数"时，一位教师在讲解"五入试商"方法后，让学生巩固练习"用竖式计算266÷38"。<u>教师指名一个学习比较好的学生上黑板板演，奇怪的是教师并没有像往常那样要求其他学生在自备本上一起做题，而是让他们一起看板演学生的演算过程。</u>

让学生们又感到奇怪的是，板演的这个学生没有采用教师所教的在竖式上先试商"6"的办法，而是直接写上了"7"，并得到了正确的答案，学生们看得目瞪口呆。在评讲时，教师针对学生的疑惑"采访"了板演学生，这个学生则回答："五入试商一般情况下初商会比较小。"这种"偷懒"的写商方法让同学们大开眼界。

活性分析

做法 A 中，板演学生是一个有经验的学生，他发现试商很多情况下要调商，于是自作聪明地用粉笔（铅笔）轻轻地、淡淡地写上初商，以便于等会能够不使用黑板擦（橡皮）而直接修改商数，由此他的计算速度就比其他学生快。然而，这种非常好的做法却因为其他学生都在埋头做题而白白流失，等到大家抬头，看的只是正确的板演结果，却看不到板演过程中出现的精彩瞬间。

做法 B 中，板演学生更是一个聪明的学生，他知道"五入试商"一般情况下初商会比较小的道理，于是直截了当地写上一个比试商数大 1 的商。他的这一"小动作"却没能逃过同学的眼睛，这要归功于教师采用了让全体学生一起看板演的措施，把板演学生的思维过程尽收眼底。

在学生板演时，教师应有目的地让学生注意板演学生的板演过程，而不是只看最终的结果。眼睛要仔细地观察板演时学生的一举一动，为什么一会儿写一会儿擦，哪儿重写了，哪儿卡住了，甚至观察他们写字的姿势。

三、选择好板演的载体

活动现场 3

[做法 A]

以前"一块黑板一支粉笔"的教学中，教师为了检查学生对新知识的掌握情况，常常让不同层次的学生去板演，以了解学生的学习程度。这样一个朴实的教学环节，在现在"光影年代"的教学中却用得越来越少，取而代之的是利用多媒体教学或视频展示学生的练习结果。有的教师说，学生上来板演太费时间，对提高课堂教学效率不利。

[做法 B]

我用白板代替教师的小黑板和学生的自备本，原来只能让几个学生板演的内容，现在就可以让全班学生在各自的白板上一起"板演"。时间一到，我请所有的学生把自己的白板面向教室中间举起来。

这时，对应小组的学生就会互相检查，我也会在这个时间尽可能仔细地观察白板上的内容，特别是关注一些有代表性的学生。往往这时，就已经有学生发现别人或者自己的问题所在了。然后，有问题的学生会以自己的白板为载体提出质疑，其他学生也会利用自己手里的白板进行解答。一些学生在展示中暴露出来的问题，也于来往之间而消于无形了。

活性分析

做法 A 中，教学中时间、空间、人数、物质等因素时时限制着学生的全体参与和全面展示，教师难以采集到所有学生的真实信息。学生演练时，除了几个幸运儿能够到黑板上"潇洒写一回"，其余学生只能"默"写在自己的自备本上，要想展示也只能希望被教师抽中放到实物投影仪上才能"出头露面"。尽管教师把板演改成了投影，但依然无法满足所有学生展示和反馈的要求，学生长久的"落寞"很容易导致他们被搁置后安于现状的"落伍"。

做法 B 中，教师把传统板演的载体"黑板"改成"白板"后，就使每个学生都有了一块属于自己的"黑板"，随时可以进行板演，随时可以进行展示。当白板举起，对与错，一目了然；理与非，越辩越明；来与往，俱有收获。另外，通过白板展示，不学习甚至不专心的学生，就很容易暴露在教师的面前，有利于教师加强对这部分学生的督促。同时，学生为了要展示自己最好的一面，就会听得更专注一点、想得更深入一点、做得更仔细一点。

四、选择好板演的结果

活动现场 4 数学·"解方程"

[做法 A]

这是教学"解方程"的第一课时，在引导学生理解了天平变化过程（等式基本性质）之后，我要求学生把天平的变化过程在方程中体现出来。学生出现了四种具有代表性的写法，我请学生板演如下。

1. $x+3=9$　　　　2. $x+3=9$
$x-3=9-3$　　　　$x+3=9-3$
$x=6$　　　　　　$x=6$
3. $x+3=9$　　　　4. $x+3=9$
$x=9-3$　　　　　$x+3-3=9-3$
$x=6$　　　　　　$x=6$

在交流时，我按照1、2、3、4的顺序进行反馈。也就是先错误，再正确。反馈第1种写法时，我提问："谁能分析这样写存在的问题？"结果只有5人举手。很显然，这5人就是做对的5个人。这时，我感觉参与的人太少，就稍微等了一会儿。于是，又有两人想举手，但他们心里可能也没底，犹犹豫豫地举了一半又放下了。无奈，我只好请一个做对的学生分析。当这个学生分析时，我看见有几个学生低下了头，感觉很难为情，那几个学生就是错误写法的"创造者"。反馈第2种写法时，举手要求分析的人略有增加，但也就是10人左右。分析时，一个学生一口气把第2、第3两种写法全讲了。这时，我观察到一些学生的眼神有点茫然了。于是，当反馈到第4种写法时，举手的人还是不多，很多学生似乎越来越糊涂了……

[做法 B]

在另一次教学"解方程"时，我决定调整反馈板演的顺序，也就是先正确，再错误。我还是选择上述四种具有代表性的写法进行板演。

师："我们来看一下这些不同的写法，你觉得哪种最符合我们的要求？"

举手的学生有 10 人左右，于是我有意识地请一个本来就写对的学生分析，他很好地分析了第 4 种写法。

师："听清楚了吗？谁能再说一遍？"

举手的学生迅速增加，我请两个学生复述，同时我配合板书标注和课件对比协助分析，很多学生都听得频频点头。

师："前面 3 种写法难道都有问题？你能不能给大家分析一下？"

举手的学生约有 3/4，于是请 3 个学生对这 3 种方法进行分析。每讲一题，学生主动要求分析的热情都在高涨，举手人数不断增加，那些出错的学生也积极参与进来了。

师："你自己刚才写对了吗？如果不对，请你找出错误的原因。"

在学生找到错误之后，我又请几个学生给大家提出注意点。整个环节和谐流畅，学生学习的积极性高，教学效果好。

活性分析

做法 A 中，学生对练习错误不是一下就能觉悟到的。对错误和正确的板演，在交流时，教师习惯先反馈错误的，再反馈正确的。这样反馈板演的理由有：一是认为先反馈错误的，反映出教师把学生的学习理解为学生自我"建构"知识的过程，认为学生对知识的习得应该经历从模糊到清晰、从出错到正确的学习过程；二是认为先反馈错误的，反映出教师心中装有全体学生，尤其是反映出教师非常关注弱势学生群体，给予这些学生特别多展示和交流的机会；三是认为先反馈错误的，反映出教师十分重视学生学习过程中生成的鲜活的教学资源，以营造动态的课堂，提升课堂教学的效率。

做法 B 中，先反馈正确的，再反馈错误的理由有以下几点。一是先反馈正确的，符合教育心理学规律。教育心理学研究发现："首次感知新知时，进入大脑的信息可以不受前摄抑制的影响，能在学生的大脑皮层留下深刻的印象。但如果首次感知不准确，那么造成的不良后果在短期内是难以清除的。"先反馈正确的，能让正确信息"先入为主"，给学生一个正确、清晰的认识。相反，我们经常会碰到对几种错误方法进行反复分析之后，学生对正确方法却产生了疑惑，这就是先反馈错误方法经常会产生的结果。二是先反馈正确的，不妨碍知识的"建构"。当学生产生了正确的方法之后，再让学生对那些错误情况进行分析，就能使学生更准确、更清晰地明确错误的原因，会更自信地表述自己的想法。三是先反馈正确的，可以节省教学时间。先反馈错误的，由于没有正确方法支撑学生的认识，有些时候会出现学生为几种不同的方法争论不休的现象。而先反馈正确的，就可以避免一些无价值的争论，引导学生围绕问题的本质展开讨论，从而节省教学时间。

—— 活学活用 ——

在采用"上台板演"教学策略，以追求最终"不把学生教死"之良好教学效果的过程中，教师可以从以下几方面进行考虑。

活法1：让板演演出学生的"交情"

在传统教学中，有的教师认为板演会影响课堂教学进度，其依据是学困生板演常常得不出结果或结果不正确，徒然浪费时间；有的即使课前有板演的计划，也常常因时间紧而随意删减；有的事先没有板演的计划，当授课时间有余，则临时找几道习题凑合着让学生板演；有的教师"内外有别"，有外人听课时，常常让基础较好的学生板演，以显示教学效果，反之，则让学困生板演，目的是让他出丑，被其他同学笑话。

教师这种以时间紧张为由不愿意为学生提供板演机会，以及平常教学与公开教学选择板演学生有别的做法，无视了学生的人性需求与学生的人格尊严。其实，学生被请上黑板板演的心情是非常激动的，他们认为这是老师关注和关心他们的标志。可以说，板演是教师与学生、学生与学生之间交往的一种手段，能够促进师生关系的和谐，助于彼此建立良好的"交情"。

要在板演中建立良好的"交情"，需要教师注意在不同的时期、不同的环节、不同的内容选择不同的板演学生。例如像"活动现场1"的做法B那样，在尝试时的板演一般给成绩较好的学生，在巩固时一般让那些基础较差又胆小的学生进行板演；对基本练习题，多选中下水平的学生；对基础知识复习题，可随机选择学生；对综合性较强且要求解题技能、技巧比较灵活的题目，则鼓励学生自愿参与。有时，对一题多解的题目让不同水平的几个学生同时板演，能够最大可能地出现多样化的结果。

活法2：让板演演出学生的"真情"

真正的板演应该让学生在关注板演结果的同时能够关注板演过程，让学生看到知识的真实展开过程和学生的真正思维过程。首先，板演能规范学生的解题。一方面，学生能够自我检验规范化书写情况；另一方面，教师能够对学生的规范进行指导，在点评学生板演的过程中可以更直接地对板演者及全班学生进行规范的教学；此外，板演能够及时反馈学生获得知识情况和充分揭示学生的思维过程。在教学过程中，对于概念与法则、公式与定理、思想与方法，学生理解和掌握得如何，这些信息不易从学生的表情、动作、语言中反映出来，但在学生的板演中常常能够获取学生学习的"真情"。

对教师而言，学生在板演中反映出来的"真情"可以为教学提供帮助。例如可以让学生在板演时不把做错的地方擦去，而在旁边重写，这就可以为教师接下来的分析提供素材，这是实物投影仪不可比拟的。学生的板演，可以让教师真实、客观、及时地了解学生的学习状况。

在决定板演时学生的互动形式时，教师需要根据实际情况考虑与选择：什么情况下学生板演的同时让其他学生也在自备本上演练，什么情况下等全体学生在自备本上演练结束后再请学生上台板演，什么情况下让其他学生一起看板演学生的板演过程。例如"活动现场2"的板演内容，教师就应该选择"大家一起看板演"这种凸显过程的方式。

另外，在板演结果的评价与反馈上，教师应该考虑如何可以方便学生获得知识的"真情"。例如"活动现场3"的做法B那样，引进白板，让全体学生都能板演，并且板演的结果大家都能看见，这种板演的反馈方式可以在最大范围内反映全体学生学习的真实情况。

又如"活动现场4"的做法B那样，教师采用先反馈正确的做法，为学生收获"真知"指引了正确的方向。在以下几种情况，教师可采用先反馈正确的做法：一是错误率较低时；只有个别学生出现错误，大多是因为马虎造成的，也可能是其他一些非认知因素造成的，这些错误对大部分学生形成正确的方法没有太大的影响。二是错误原因很浅显时；如果让出错的学生对照正确方法，他们可能一看（一听）就立即明白出错的原因了。三是错误现象极其典型时；例如总有学生做成"$7.8 \times 101 = 7.8 \times 100 + 1$"，面对这种由知识本身的抽象性引起的错误，教师应让正确方法"先入为主"，一开始就给学生留下深刻印象。四是错误原因不清晰时；如果先反馈错误的，由于学生尚未形成正确的认识，对于错误的讨论往往不能击中要害，而且在无目的的讨论中，还会导致一些学生出现思维杂乱的不良后果，从而影响学习的效果。

活法3：让板演演出学生的"激情"

学生的板演不应该是一个让学生感到难堪的地方，也不应该是一件让学生感到难堪的事情，相反，教师应该积极创造有利条件，让学生感到板演之时是让自己得到关注的"激情"之时，让学生感到板演之地是让自己得到展示的"激情"之地。

首先，板演应有利于学生的智能发展。据研究表明，人记忆的持久性主要取决于记忆的任务。板演对学生的有意识记忆有着良好的促进作用，经过学生亲自板演过的题目，一般很难忘记，因为板演是在特殊情况下带着解题任务而进行记忆，板演过程中，学生会使出全部解数回忆旧知识，联系新知识。

其次，板演应有利于学生的情感发展。板演可以让板演学生成为"公众人物"，教师应该发动全班学生为板演学生鼓劲和喝彩。让当事学生有这样一种意识，板演是"我"的事情，也是"他们"的事情，"我"代表着"他们"，由此有一种荣誉感；让旁观学生有这样一种意识，板演是"他"的事情，也是"我们"的事情，"他"代表着"我们"，由此有一种关切心。

为了让板演成为大家的事情，教师应该注意板演评改形式的多样化，可采用教师讲评、学生互评、师生共评等多种方式，但必须评有目的，评在要害。可以是激励性评价，专门找优点；可以是挑剔性评价，专门找缺点；也可以是修改性评价，修正不妥、不对之处，总之要让学生学有榜样、赶有目标、错有借鉴。

在评改过程中，教师应组织学生积极参与对答案的修正、说明和补充工作，允许学生插话、提问。如果学生有独特见解，教师应鼓励他们大胆说出来，让学生思维的火花能及时照耀到群体的每一个个体上，产生群体效应，激发更多的个体积极向上。

10. 学生：在知识平台上平淡、平静、平常地学习，缺乏冲劲，该怎么办？——

教师：让学生在"急中生智"中学习

虽然理想的教育是慢教育，虽然教学需要宽松的环境，让学生能够有喘息和回味的时间，但有时候教师不让学生心平气和地学习，故意制造紧张的气氛，逼着学生听、说、读、写和做、学、问，一方面可能让学生急中"求"智，调动学生更多的心力，凝结学生更多的注意，另一方面可能让学生急中"生"智，激发学生更多的潜力，想出更好的主意。这种教学的"急情"，有时会获得平常教学和平淡教学所没有的"激情"。

一、说不清，逼得学生想变通

活动现场 1 数学·"表面积的变化"

［做法 A］

教学"表面积的变化"时，学生动手操作，将3个、4个、5个相同的正方体拼成大长方体后，填写教材中的表格。

正方体的个数	2	3	4	5	…
原来正方体一共有几个面	12				
拼成后减少了原来几个面的面积	2				

在交流"从表中发现了什么规律"时，很多学生茶壶里煮饺子——有嘴倒不出，教师指名学生一个接一个回答，点到了许多学生，终于让学生能够说出了比较完整、比较规范的规律，教师终于松了一口气，但时间已经过去了许多。

［做法 B］（提供：王广阔）

另一位教师在教学"表面积的变化"时，也出现了上述学生想说说不清的状况。当教师看到学生有嘴说不出的着急后，就征求学生意见："要不要老师提示一下？"在学生想要的前提下，教师指着表格最后的"…"，让学生思考有没有其他表示方法，有学生想出用字母"a"表示，于是学生利用字母顺利地概括出了一般规律。

活性分析

做法 A 中，抽象概括的过程是学生学习数学的关键，也是学习过程中的难点。然而，小学生的反思能力和语言表达能力尚不成熟，面对比较复杂的情境内容和比较复杂的数量关系时，学生可能会出现难以用语言表达清楚的堵塞现象。此时，如果教师一味地催促学生说出来，并且能够说好，只能让学生心越急越说不出来或说不清楚。

做法 B 中，引领学生进行抽象概括，教师不仅要关注学生是否获得了足够充分的感性经验，更要采取一些巧妙的教学策略，帮助学生迈过抽象概括过程中的一道道"坎"。当发现学生出现有口难言的窘迫，教师不应该只是简单的逼迫，而应该借助学生的急情，及时引入字母，给学生提供一个表达的着力点。此时，这一方法的介绍成了学生心的呼唤，学生由此懂得，当说不清楚的时候，可以换一种方法表达。

二、写不完，逼得学生想清楚

活动现场2 *数学·"万以内数的认识"*

[做法 A]

教师板书数字"1"，学生读数；教师在"1"后添上一个零，学生读数；教师继续添上零，一直添到四个零时问："认识这个数吗？今天我们这节课就来一起认识 10000 以内的数。"

教师在计数器上拨出 1000，问："这是多少？你怎么知道的？"继续拨，学生数 2000、3000…9000，再拨一颗，问："现在是几个一千？你知道它等于多少呢？为什么？我们已经学过在一个数位上满了十，就要向前一位进一（把千位上的十颗珠换成万位上的一颗珠），所以 10 个一千是一万，这就要用到一个新的计数单位'万'，它所在的位置也就是'万位'。"

[做法 B] （提供：刘传岗）

教学"万以内数的认识"前，星期五放学时，我说："从 10 到 100，从两位数到三位数，只加了一个 0，对吗？"生："对！"我又说："从 100 到 10000，是几位数到几位数？加了几个 0？"生："从三位数到五位数，加了两个 0！"我问："简单吗？"生："太简单啦！"从他们的回答声中，我感到学生根本没有把这两个 0 放在眼里。

于是，我给他们布置了一项写数的家庭作业："从 201 写到 2010，星期六和星期天两天能写完吗？"生轻松地笑了："一定能！"

星期一果然有相当一部分学生没有写完，我严肃地问："两天就一个作业，为什么做不完？"教室里沉默了很长一段时间后，一个学生嘟嘟囔囔地小声说："太多了！"

我问："马×，你写了多少张？"

"15张。"她回答。

"从201到2010，只加了一个0，就多了这么多的数吗？如果让你们写到20100得写多少张啊？"学生们认真地想着这个问题的答案。

我举起手给大家算着："十个千是一万，二十个千是两万。"我随手在黑板上写上20，然后接着算"两个千，一个十五张；四个千，两个十五张……二十个千，十个十五张。"

"啊！这么多啊！"学生们都惊呆了。

看着学生吃惊的样子，我加重语气说："这么多的数，我们在写数和数数的时候，一定要认真啊！不然很容易出错。"

学生们默默地、使劲地点了点头，好像感受到10000的分量加重了，不再把它不放在眼里了。

活性分析

做法A中，教师从旧知出发，从比较小的整十数开始，通过在数的末尾添零的做法，逐步把数扩大到整百数、整千数，直至新课要学习的整万数。这种在数的末尾添零的做法，尽管学生能够感受到数在变大，但对这个数有多大缺乏实际的数感。

做法B中，教师在课前故设陷阱，让学生自以为从整十数到整百数到整千数再到整万数，只是添几个零那么简单。然后让学生利用双休日从"201"写到"2010"，结果与预想发生了矛盾，学生在"竟然要写这么多"的惊讶与惊叹中，也在难以完成教师布置的作业任务的着急中，真切地感受到了数的大小，逼着学生学习时不敢轻描淡写。可见，在教学中，注意培养学生的心理感受是多么的重要，良好的感觉和感受对学生学好知识有着很好的促进作用。

三、记不快，逼得学生想简单

活动现场3 数学·"乘法初步认识"

[做法A]

在学生初步理解乘法的意义后，教师紧接着安排了下面的练习。

1. 下面哪些加法算式能改写乘法算式？

$8+8+8+8+8=40$ $5+5+6=16$ $7+7+7+7=28$

2. （出示药盒）药盒10片×2板，让学生看算式"药片规格2×5"，猜测里面的药片是怎么排列的。

3. （多媒体显示）小熊请你帮忙，顾客要买20盒饼干，要小熊捆成几捆，并且要求每捆一样多，这该怎么办？说出有几种分法，并用乘法算式表示出来。

[做法B]

在学生初步理解乘法的意义后，教师紧接着安排了下面的练习。

1. 比一比谁写得快。

教师报题，学生写算式：2个3相加，5个2相加，9个3相加，20个4相加……

一些学生来不及写算式，着急了："老师，我来不及写了。"但也有部分学生在继续写，教师似乎没有听见，仍按原速度往下报。

反馈，学生汇报写的算式，教师板书：

2个3相加：$2×3$ $3+3$

5个2相加：$5×2$ $2+2+2+2+2$

9个3相加：$9×3$ $3+3+3+3+3+3+3+3+3$

20个4相加：$20×4$ $4+4+4+4+4+4+4+…+4$

师："为什么有的同学来得及写，有的同学来不及写呢？"

生："因为乘法算式写起来简便。"

师："请刚才用加法算式表示的同学改用乘法算式来表示。"

2. 请把下面的加法算式改写成乘法算式。

$3+3+3+3$ $5+5+5+5+5+5$ $8+8+8+…+8$（30个8相加）

活性分析

做法A中，教师把巩固练习分为三个层次，基本练习让学生进一步体会乘法算式的简便；变式练习让学生学会分析、比较，训练学生思维的灵活性；开放练习让学生动脑思考，训练学生多角度解决问题，让知识技能与发展性目标落到实处。

做法B中，通过两个层次的练习设计，真正让学生体验感悟到了"几个相同加数的和，用乘法算式表示比较简便"。如果说练习的一开始"2个3相加"用乘法和加法算式表示同样简便，那么练习的后两题"9个3相加"、"20个4相加"的设计，就充分体现出用乘法算式表示的优越性。

　　为了能达到让学生自觉意识到方法的优越性，教师在学生知识练习活动中增加了情感体验活动，让学生由开始的来得及听记慢慢发展到来不及听记，在急迫的情势中深刻体会乘法算式的好处。这样的练习设计效果，无疑优于那种单纯地让学生进行加法改乘法的传统练习，更能让学生感悟到乘法与加法之间的内在联系。

四、拿不出，逼得学生想合作

活动现场 4 数学·"5 的乘法口诀"

[做法 A]

出示例题场景图"河里有 5 只船，每只船坐 5 个小朋友"，让学生填表。

船的只数	1	2	3	4	5
人数					

　　师："1 只船上有 5 人，是几个 5？"（在表格上面板书：1 个 5）"那么 2 只船上的人数是几个几相加呢？3 只船呢？……"（依次在表格上面板书：2 个 5 相加，3 个 5 相加……）

　　师："根据几个 5 相加你会写出乘法算式吗？"（指名回答，教师板书：1×5＝5，2×5＝10，3×5＝15，4×5＝20，5×5＝25）

　　师："看了这些乘法算式，你知道我们今天要编写的是几的乘法口诀吗？"（板书：5 的乘法口诀）

　　师："1 个 5 是 5，就可以编一句乘法口诀：一五得五。根据我们以前编口诀的经验，你会编一编 5 的其他几句乘法口诀吗？"（根据学生的汇报，把口诀板书完整）

[做法 B]

　　教师出示挂图：河里有 5 只船，每只船坐 5 个小朋友……

　　教师刚要发问。突然，一个学生举手："5 的乘法口诀，我会编。"

　　教师一怔：哦，他在迁移"2、3、4 的乘法口诀"几节课的学法。"那你说，怎么编呀？"

　　该生伸出一只手"一五得五"，伸出两只手"二五得十"。（教师指导：二五一十）

　　教师微笑着点头，然后故意激将学生："那'三五'、'四五'呢，你能用手表示出来吗？"

　　这个学生挠了挠头，突然喊道："有了！"他拉起同桌的一只手"三五十五"，拉起同桌的两只手"四五二十"。

活性分析

做法 A 中，教师让学生借助直观把船的只数和人数的变化联系起来，为帮助学生理解乘法算式的积做好准备。然后运用学生已有的编口诀的经验和方法，发挥学生的主动性，自主编写 5 的乘法口诀，这样学生学得主动，而且能充分获得成功的体验。

做法 B 中，学生之前学习了 2、3、4 的乘法口诀，已经有了相当多的学习经验，到学习 5 的乘法口诀时，学生往往会觉得不难，此时的课堂常常会显得波澜不惊。本节课，出现了教学生成，一个学生不用教材上提供的情境材料，而是直接用自己的手作为研究材料编写 5 的乘法口诀。这一随机事件，无疑打破了教学的平静，虽出乎教师的预设思路，但合乎情理，于是教师趁机顺势而下，用学生所想所做组织下一环节的教学。

如果说前一波教学是学生掀起来的话，那么后一波教学则是教师掀起来的。在那个"造事者"用完了自己的双手后，教师故意挑战学生"怎么用手表示后续的乘法口诀"，逼着他急中生智，拉上同桌的手"合作"完成了口诀的编写与解释工作。

───── **活学活用** ─────

在采用"急中生智"教学策略，以追求最终"不把学生教死"之良好教学效果的过程中，教师可以从以下几方面进行考虑。

活法 1：让学生"急"中生出好方法

在以往的教学中，当学生面对知识困难时，一般教师总是喜欢赶快为学生排忧解难。日久天长，有的学生就会养成一遇到困难就直叫唤，等待教师支援的依赖心理。这种习惯不利于学生独立自主地学习，知识获得的含金量不高，依然更多的是教师的给予。

教师应该懂得"穷则思变"和"急中生智"的道理，当学生在学习受阻时，在没有外来帮助时，他们首先会千方百计地寻找出路。所以高明的教师会清醒地知道自己出手的时机，一是不会看到学生着急就立马出手相助，而是等到学生自己无能为力时才出手；二是可能反而增加学生完成任务的难度，让学生在不断跳跃和不断挑战中经历学习的磨难过程，从而呼唤和迎接新知识，甚至创造出好方法。

例如"活动现场1"的做法B中，学生在说不清的着急中迫切需要可以表达思想的出路，此时教师的指点就成了学生的"急"时雨；又如"活动现场3"的做法B中，学生在来不及记的着急中就会深刻领教乘法算式的优越性，从而心甘情愿地接受新方法。

再如一位教师在教学"面积单位"时，当学生建构了"平方分米"这一面积单位后，教师故意让学生用"平方分米"来度量教室地面的面积，学生在觉得太烦琐的急躁中，更大的面积单位"平方米"自然会在学生心中生成。

又如一位教师在让学生用圆形纸片在直尺上滚动推导圆的周长计算公式时，发现一个学生很着急，原来她只有一把断尺。此时，教师没有给她换一把完整的直尺，而是启发她有没有办法用这把断尺测量出圆形纸片的周长，最后她想出了把圆形纸片对折后量的方法，并且发现这样的方法更好，既解决了起点的标记问题，又使测量结果更加准确。

活法2：让学生"急"中生出好人缘

学生学习中遇到的困难并不总是因为知识太难，有时也可能会因为环境不适、资源不足、人手不够而无法展示自己的学习情况，此时，教师应该着力让学生另谋出路或给学生指明出路。

例如"活动现场4"的做法B中，一位学生舍弃教材和教师提供的学习材料，而是创造出了用手作为学习材料来解释5的乘法口诀，当手不够用时，教师并没有出手，而是期待学生，促使学生急中生智，想出了与同学合作的办法解决了困难。这样的合作是学生自己想要合作，有利于融洽生生之间的关系。

除了由客观环境造成的学生的心急之外，还有一种情形是由主观愿望造成的学生的心急，最常见的是在教学过程中总有一些性急的学生会情不自禁地插话，打断正常的教学秩序。对此，教师应该看到，插话至少表明学生的积极态度，所以，教师应该善待"插话学生"，甚至允许学生插话，这有利于融洽师生之间的关系。

在学习中，还会有一些性急的学生，不等教师说完就迫不及待地开展学习活动。此时，同样需要教师能够理解学生那一颗驿动的心，用积极的心态引导学生控制自己的心态和调整自己的心态。

例如一位教师在让学生研究"三角形的三边关系"时，有一个叫彭×的小男孩心太急，等不及老师说完要求就开始操作，结果听错了要求，研究了三角形的两条边的差和第三条边相比较。教师没有责怪这个学生，一方面好言提醒这个学生以后要注意倾听，另一方面让他说说自己的发现，结果这个急性的学生发现"三角形的两边之差都比第三条边要小"，引起了其他学生的又一次讨论，甚至有的学生感叹道："我怎么没想到这上面去呢？"教师顺势说道："是啊，那你们要感谢谁呢？"一个学生回答："彭×，我要感谢你，但是你以后当科学家后，可不能粗心呀！"其他学生都笑了，那个叫彭×的小男孩的头不再低着了，高兴地直点头。

活法3：让学生"急"中生出好觉悟

在课堂教学中，学生的急性子和急样子常常集中表现在一个时间段内，这段时间常常位于知识的重点和难点的关节处。当学生找到办法走出困境后，学习会有一种如释重负的舒畅和舒张，学生的心态会更加阳光，思想会更加积极向上。

有时，学生的学习觉悟需要一定的时间，此时，教师就可以让学生的"起急"从课前就开始慢慢酝酿，当学生有了充分的知识体悟和心理体验后，上课时学生就可以"直追"核心知识，知识的引出就不需要那么神秘，知识的理解就不需要那么费事。这种背景下，教师的教学只需点中学生的两个器官，一是学生那个急冲冲想听自己不明白知识的耳朵，二是学生那张急吼吼想说自己已经明白知识的嘴巴，学生就会有感而发，知识的得出就会水到渠成，不需要教师再费口舌、再费手脚。

例如"活动现场2"的做法B中，教师在课前让学生利用双休日从"201"写到"2010"，学生在没写完的紧急中矫正以前的错误认识，真正感悟到数在内容上的厚度。在数学教学中，学生的数感普遍比较差，此时，课前教师的多此一"举"、学生的多此一"急"，学生对数就会特别有感觉，并能由此产生很多感悟。

又如一位教师教学"倍数与因数"一课，在找3的倍数时，发现学生主要用了递加和翻倍这两种方法。在比较优越性时，一个学生固执地认为前一种好。因为教师讲课时找一个数的倍数都是从小到大依次写出5个左右，然后用省略号表示其他倍数（比如3的倍数：3、6、9、12、15…）。所以对学生而言，递加法显得比较方便。针对这一尴尬，教师微笑着问："那你知道3的倍数中第一百个是多少吗？"学生脱口而出："300。"教师追问："你怎么这么快就回答正确了，是一个个加出来的吗？"学生茅塞顿开。

11. 学生：学习中有时出现思路阻塞、思想闭塞的无力，该怎么办？——

教师：让学生在"多管齐下"学习中多能

知识学习需要融会贯通，一是能够把各种信息融会在一起，提高学生学习的底线，提供学生学习时更多的信息背景；二是能够把各种方法贯通在一起，增强学生学习的底气，提供学生学习时更多的方法选择。

当知识融会贯通之后，学生在学习中就不会出现孤陋寡闻的认识"断层"和捉襟见肘的思维"断路"。相反，学生在信息和方法的互动、互通、互补中，会变得多才多艺，在遭遇知识障碍和学习困难时就不会左右为难，而会左右逢源，有足够的能量和能力来应对和解决。

一、在问题解决上，多法并用

活动现场 1 数学·"小数加减法"

[做法 A]

师："笑笑陪妈妈到超市购物，买了一瓶酸奶，单价 1.25 元；一袋饼干，单价 2.41 元。收银台要妈妈交 3.66 元，对吗？"

学生根据情境提出数学问题并列出算式"1.25 + 2.41"后，教师让学生自主思考计算方法。学生的想法主要有如下三种。

1. 利用生活经验，结合实际情境来解决。1.25 元等于 1 元 2 角 5 分，2.41 元等于 2 元 4 角 1 分。1 元加 2 元等于 3 元，2 角加 4 角等于 6 角，5 分加 1 分等于 6 分，合起来就是 3 元 6 角 6 分，以元为单位就是 3.66 元，算式是 1.25 + 2.41 = 3.66（元）。

2. 运用整数加减法进行推理（如图 1）。1.25 元、2.41 元可以分别看做 125 分、241 分。

$$\text{因为}\quad \begin{array}{r} 125 \\ +\ 241 \\ \hline 366 \end{array} \quad \Longrightarrow \quad \text{所以}\quad \begin{array}{r} 1.25 \\ +\ 2.41 \\ \hline 3.66 \end{array}$$

图 1

3. 借助数形结合直观图来解决（如图2）。

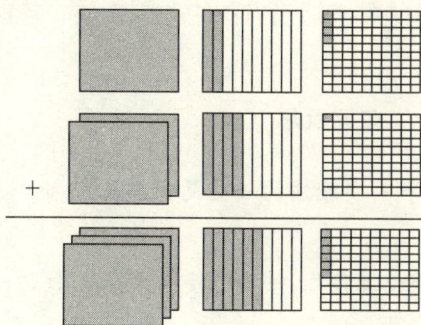

图2

[做法 B]

另一位教师教学上述例题时，在学生交流上述三种不同想法的过程中，适时抓住表述中的关键词，加以提炼。

对于第一种类型，教师抓住"元＋元"、"角＋角"、"分＋分"；对于第二种类型，重点突出"个位＋个位"、"十分位＋十分位"、"百分位＋百分位"；对于第三种类型，提炼出"块＋块"、"条＋条"、"格＋格"。

有了这样的提炼，学生很容易理解三种方法的共同点：相同数位对齐，相同数位上的数相加减。"怎样才能做到相同数位对齐呢？"教师顺势点拨，学生豁然开朗：只要小数点对齐，相同数位就对齐了。

活性分析

做法 A 中，教师能够注意让学生使用多种方法来理解知识，引导学生多角度地研究问题。比较上述三类方法，从解决问题的策略来讲，它们的确都能解决情境中的问题，也都能帮助学生理解小数加减法的本质意义。但如果只让学生交流一下算法就作罢，那么学生就可能会局限在具体方法的层面，这正是学生抽象不出算理的根本原因。教师应该引领学生发现其中的内在联系，帮助学生理解不同方法后面的本质内涵。

做法 B 中，"小数点对齐，相同数位相加"，这是小数加减法的计算法则，教学中，却发现很少有教师让学生抽象出如此清晰而准确的计算法则。为什么会如此？不排除算法多样化的影响，但是造成"学生抽象不出"更深层的原因还在于教师的教学方式，没有让学生真正"知理"后"懂法"。

道理是方法的理论依据，方法是道理的提炼和概括，它们是相辅相成的。尽管学生能够用多种方法来解读知识，但有时还不能深入触及知识的内核，此时就需要教师能够把学生从"论事"引到"论理"再引到"论法",最终融为一体,基于理论提炼和概括出方法的共同本质,才能真正帮助学生解开知识的密码。

二、在思路研究上,多元反思

活动现场2 数学·"除法的一些简便算法"

[做法A]

在"除法的一些简便算法"一课新授结束后,教师一般会按照教材安排布置以下题目让学生练习。

1. 计算下列各题,怎样简便就怎样计算。

$560 \div 4 \div 14$　　　　$720 \div 8 \div 9$　　　　$480 \div 5 \div 48$

$450 \div (9 \times 2)$　　　　$560 \div 16$　　　　$340 \div (17 \times 5)$

2. 刘老师买了2袋乒乓球,每袋5个,花了6元钱。每个乒乓球多少钱?

小结:在应用除法规律进行简算时,我们应该记住这样几句话:"观察数据特征,寻找合理思路,运用简便方法,提高计算效率。"

[做法B]

在"除法的一些简便算法"一课新授结束后,我在学生练习了上述题目之后,又补充了一组题目"计算下面每组中的题目"。

第一组:①$390 \div 10 \div 3$　②$390 \div 6 \div 5$

第二组:③$270 \div 27$　④$270 \div 18$

对第①题和第③题,我引导学生观察发现此两题没有简算的价值;对第④题,我引导学生注意简算方法的多样性以及合理性。例如:"$270 \div 18 = 270 \div 3 \div 6$"较"$270 \div 18 = 270 \div 6 \div 3$"简便,"$270 \div 18 = 270 \div 9 \div 2$"较"$270 \div 18 = 270 \div 2 \div 9$"简便。

小结:从中我们可以看出,应用除法规律,可以使一些计算简便。我们应该注意观察题目特征,具体情况具体分析,思考"能不能简算"和"要不要简算"这两个问题,从而确定比较好的计算方法,这样才会提高我们的计算速度和准确率。

活性分析

做法A中,在教师的脑海里,在教师的预设里,自始至终让学生感觉到学习除法规律的目的就是为了进行简便计算。并且,从教师呈现的题目来看,都是一些能够运用除法规律进行简便计算的题目,于是,学生可能会形成一种学习的错觉和学习的定式,以为运用除法规律都能够使计算简便。这样的后果是,学生在进行简便计算前,会直接使用运算规律,而忽略或省略做题前对题目特征的判断过程。这样看来,尽管教师在小结时说得句句在理,但教学的设计却没有与之配套,没有得到应有的体现,似乎是说的一套,教的是另外一套,这是教学的失败。

做法 B 中,教师能够抓住课题"除法的一些简便算法"中的"一些"这个学生不太注意的限制词,在常规练习结束后,及时补充了一些用了除法规律反而使计算不简便的反例,提醒学生注意,不要形成思维惯性,把运算定律当成都能使计算简便的应用上的"定律"。同时也告诉学生,在使用运算定律进行简便计算前,一定要看清题目特征,然后再研究决定是否需要使用运算定律进行简便计算。如果需要,接下来还要研究如何运用运算定律可以使计算更简便。也就是说,正确的教学应该让学生在审题时有两次判断行为,一是思考"能不能简算",二是思考"要不要简算",而后者往往是教师教学时所忽视的。

三、在作业配备上,多种经营

活动现场 3

[做法 A]

潍坊一中实施了"2 + 1 + x"数学作业形式。"2"即作业布置中基础题或者变形题两项主要内容;"1"指的是作业布置中使学生对知识点理解水平的提高、思维发散的题目,本档题目主要是针对中等学生进行设置;"x"指的是针对本知识点进行拓展延伸的题目,本档题目的设置主要是针对学有余力的学生。

要求前 20% 的学生完成作业中全部的题目,中间 30% 的学生完成作业中的"2 + 1"内容,后 50% 的学生只完成作业中的基础题即可。注意分层次只是相对而不是绝对的,分层时充分尊重学生的意见,不同层次的学生可自由选择,并定期根据学生进步的实际情况作升级或降级的调整。

[做法 B](提供:乐欢欢)

我设计了"3 + x"语文作业板块。"3"即以下三大板块:新闻板块、阅读板块、心灵记录板块。新闻板块要求学生记录当日新闻两条,并根据自己的能力作简单点评或者感受;阅读板块要求学生记录当日的阅读篇目以及读后感或者好词佳句;心灵记录板块既可以记录学生的瞬间感受,也可以是一日之中的小事记录，甚至还可以是小牢骚、小要求、小意见等。心灵记录板块的作用有二：一是可以让学生每天练笔；二是可以了解学生的心理动态。

"x"则是完全的五花八门，满足了孩子们自己给自己布置作业的创造欲望，它可以是笑话栏目、小故事栏目、军事栏目、歇后语栏目、诗歌栏目、悄悄话栏目等。

活性分析

做法 A 中，教师在设计作业时，应该把握好练习的梯度、量度、效度、难度，尽可能根据学生的特点，设计不同层次的练习，从而做到习题分层次，让学生做题有选择。

作业中的习题一般可以设计出三个梯度：第一梯度为知识的直接运用和基础练习，能促进学生对基础知识的理解与掌握；第二梯度为变式题或简单综合题，能培养学生综合分析问题的能力和灵活运用知识的能力；第三梯度为综合题或探索性问题，能培养学生的创新精神。第二、第三梯度的题目为选做题。可以说，"2 + 1 + x"数学作业形式是这种设计思想的具体体现和综合应用。

其实，第一梯度的基础练习也可以成为选做题，选做的对象是一些知识掌握比较好的学生，他们或许已经不需要这样一种简单的仿例练习，而可以直接"光顾"相对复杂的第二、第三梯度的题目，这样的可选择做法更符合这些学优生的学情和心情。

做法 B 中，"3 + x"语文作业板块打破了"作业 = 做题"的传统认识，赋予了学生个性化和生活化的作业空间，从作业封面设计到每个页面作业板块的安排，都可以由学生选择和完成，以每日持续阅读与书写为杠杆，扛起学生的语文素养，成为装载着学生喜怒哀乐的精神家园。由此可见，这种多种经营的作业形式具有生活、个性、系统、人性、交流、主动等特点，是一份"活色生香"的语文作业，无疑会受到学生的欢迎和认真对待。

四、在知识系统上，多驾齐驱

活动现场 4 数学·"运算律"

[做法 A]

一位教师在上"乘法分配律"一课时，当学生建构了乘法分配律，并用字母抽象概括后，教师没有就此止步，而是引导学生对运算律进行延伸和拓展猜想，如 $(a-b) \times c$ 呢？又如 $(a+b+c) \times d$ 呢？学生通过列举法验证结论的正确性。

当不断地猜想成功后，教师特意设计了口算题作为本课的结束："67 ×58 + 67 × 42"。当教师写到"67 × 58 +"时，教室里一片惊嘘："哇，这么大！"（似乎说不可能口算），但当教师写完"67 × 58 + 67 × 42"这个算式时，马上有学生醒悟过来，很多学生说出了答案。这时，教师来了个顺水推舟："75 × 34 + （　） × （　），请学生自己补一半，并且口算出来。"

[做法 B]

在教学"加法交换律"一课时，我把它的姐妹篇"乘法交换律"一课从后面的单元中提前进行整合教学。

1. 让学生观察生活现象，比一比什么变了，什么没变？

2. 这种"变与不变"现象在数学知识中有没有？能举几个例子来说明吗？学生举例：56 + 100 = 100 + 56、8 × 6 = 6 × 8、12 × 10 = 10 × 12、3 + 4 = 4 + 3，73 × 2 = 2 × 73、100 + 200 = 200 + 100 等。

3. 你能按一定的标准对这些算式进行分类吗？你能用一句话把你发现的规律概括出来吗？

活性分析

做法 A 中，在传统教学中，教师一般会忠实地对教材的编排内容和编排顺序"照章办事"，并保持"绝对现场"，不敢或不会对教学内容和教学时间进行增加、缩减或调整。在新课程教学中，要求教师不成为教材的"奴隶"和"话筒"，教学过程也并非生产流水线而是要见机行事，教师可以根据教学"利益"多此一"举"，让学生根据知识的"血缘"关系联想出一些后继发展性知识，演化出更多的知识。

做法 B 中，教师能够巧妙地对教材进行二度开发，综合考虑"教材"与"人材"、"境材"的特点，把原本单列的实质相同的教材内容"加法交换律"和"乘法交换律"进行合理重组，让学生由加法交换律猜想验证了在减法、乘法、除法中是否也有交换律，从而联系出乘法交换律，实现同化学习。

这样做的好处，一是可以提高教学效率，原来两课时的教学内容现在只需一课时就可以轻松完成；二是可以让学生全面和系统地认识交换律的应用范围——加法中有交换律，学生自然会联想到其他运算中有没有交换律，由此真正经历一个完整的研究过程。

在采用"多管齐下"教学策略，以追求最终"不把学生教死"之良好教学效果的过程中，教师可以从以下几方面进行考虑。

活法 1：知识的融会需要"夹攻"

在教学中，重点知识的突出和难点知识的突破是教学成功的关键，是教学的要害，是教师和学生花费时间和花费精力最多的地方，也是最需要教师发扬教学技术和教学艺术的地方。

在知识"攻关"过程中，教师有时使用一种教学策略未必能让学生看得懂、想得通，而需要多法并用，同心协力，集思广益，"夹攻"知识堡垒，全面和深入地帮助学生理解知识的来龙去脉，并让学生学到更多探究问题的方法。

例如"活动现场 1"中，教师就引导学生通过生活经验、旧知基础和数形结合等方法来解释小数加减的算理和算法，每一种方法的呈示，对学生而言就是对算理的再次理解和再次强调，但这种"反复"学生却不觉得单调和枯燥，因为它们研究的角度不同、途径不同，学生的感觉和感受也就不同。随后的算法提炼学生就很清楚地明白其中的缘由，从而实现有意义学习和有意义记忆。

又如一位教师上"用倒推法解决问题的策略"一课，教学新知后，让学生接着解答巩固练习题：小军收集了一些画片，他拿出画片的一半还多 1 张送给小明，自己还剩 25 张。小军原来有多少张画片？结果发现学生错误很多，大多数学生用"25 × 2 – 1"的算式进行解答。知道学生理解难点后，教师对症下药，首先采用演示法，用扑克牌代替画片让学生"拿出画片的一半还多 1 张"，之后再采用画图法（如图 3 所示，也可以画线段图），用多媒体动态演示示意图的形成和还原过程，解释问题的原理，解开问题的症结。双管齐下，足以使学生茅塞顿开。由此可见，策略的教学需要教学的策略，并且有时需要多种教学策略的支持。

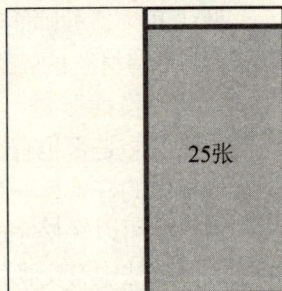

25张

图 3

活法 2：知识的融会需要"夹杂"

理想的教学应该能够让学生"过一点"而"知整体"，而要达到这样的境界，教师必须有广阔和整体的视野，变"孤立的知识"为"融合的知识"，把学生从"坐井观天"中"解放"出来。

教材总是把知识的整体划分成一个个知识点，并按照知识点的难易程度进行编排。这样，原本具有丰富内在联系的知识经过人为处理后，变成了以"点"为单位的知识系统。这就很容易使教师的教学只突出"点"的例题与习题，以"掐头去尾烧中段"的方式进行教学，忽视了知识对学生发展的价值以及知识之间的内在逻辑。所以，教学中，教师必须把"孤立的知识"不断融合，使知识能够"夹杂"，通过有序地渗透和合理地组合，逐步建构出知识的整体框架，使学生在知识的融会贯通中形成灵活判断与主动选择的意识和能力。这种融会贯通可以摆脱知识点的束缚，并且超越知识结构教学的框架，在更大的知识整体的范围内实现局部知识与整体、内在结构的沟通。

例如"活动现场 2"的做法 B 就"夹杂"了知识的正例与反例，"活动现场 3"就"夹杂"了各种层次和各种类型的作业，"活动现场 4"就"夹杂"了纵向发展性知识和横向拓展性知识，这些融会贯通有助于学生建设知识的高楼大厦。

又如对数的运算，教材一般按两个角度编排：一是运算的类型，即加、减、乘、除；二是算法的形式，即口算、笔算、估算和简算。于是就会出现：今天教师教估算，学生就会在所有习题中一味地"将估算进行到底"，不会去思考什么时候要估算，什么时候要计算出确切结果，也不会考虑有没有其他的简便方法。针对这一现象，教师应该用综合的思维方式对数学的运算结构教学进行整体改革，即融口算、笔算、估算、简算为一体。在思维方法上，力求突破原有单一算法前提下的教学格局，用综合的方法来关注和处理复杂的、多维变化的信息。通过价值化判断和结构化处理，唤醒学生更深层次的灵活主动，从而实现计算教学的教育价值。

在练习题的设置和布置上，许多教师平常的做法是教什么课就让学生做什么题，计算课就做计算题，图形课就做图形题，应用课就做应用题。另外，在时间上也是界限分明，昨天的课做昨天的题，今天的课做今天的题，明天的课做明天的题。如此封闭式训练，只能让学生的思路"吊死在一棵树上"，不利于学生的健康成长。

对此，教师应该根据先快后慢的遗忘规律，在今天的练习题中安排一两道前一两天的题目，及时复习一下刚学不久、容易遗忘的知识，加固学生的记忆。其次，教师还应该在练习题中穿插不同领域知识的题目，如果能够巧妙地把它们彼此融为一题那就更好。这样在时段上和品种上"夹杂"的习题设计，既让学生练习了现在的知识，又复习了过去的知识，既练习了这种知识，又复习了那种知识，一举两得。例如下面一道题目是"混合运算"一课中的练习题，但它又融合了以前学过的观察物体知识，这种练习形式让学生感到耳目一新。

根据图4，进行计算。

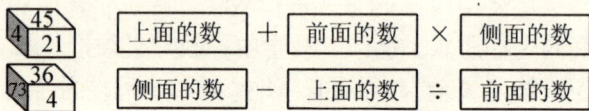

| | 上面的数 | + | 前面的数 | × | 侧面的数 |
| | 侧面的数 | − | 上面的数 | ÷ | 前面的数 |

图4

活法 3：知识的融会需要"夹生"

老黑格尔曾警告我们"熟知未必真知"。用纳兰性德的诗来说，就是"人生若只如初见"。要让学生的学习保持一种新鲜感，教师的教学就要追求一种陌生化的境界。

陌生化本是西方文艺理论的一个概念，现在常常被借用来表达阅读的一种状态。陌生化使我们去思考，使我们在生活中学会观察——永远带着新奇的目光去审视，与习惯拉开距离，不沉溺于其中，保持清醒。这也就是把教材文本（哪怕是读过多次的文本）当做全新的文本对待，把曾经有过的体验和认识搁置起来，不带任何现成的结论和框框阅读，用新鲜的阅读触觉感受文本，理解文本。

在语文教学中，对有些文本，教师可以人为地破损它的完整性，以制造一种"残缺的陌生"。例如《飞夺泸定桥》一课中，可让学生思考：如果把文中描写泸定桥环境的那段去掉，文本的表达效果会有什么不同？只要用心一揣摩，学生就会感到，删掉这一段，就不能突出"天险"，对红军大无畏英勇精神的表现就会大大弱化。

另外，教师还可以通过改变有些文本内容的呈现形式，使文本表现形式"陌生化"，也就是改变结构、体裁、人称、情境等重构文本，以激活学生思维，加深学生对文本言语情感和言语技巧的理解和感悟。例如教学《小音乐家扬科》一课，教师就可抓住文本声音的描写切入——大自然的音乐令人陶醉，旅店里的歌舞令人痴迷，院子里的喧闹令人怜悯，白桦树的悲号令人心醉。声音的变化各异，渲染着悲剧的发生、发展。场景的描写，人物的刻画，情节的介绍均被淡化了，只有声音被"特写"，这种独到新颖的写法，真可谓四声曲折皆悲唱，此时有声胜无声。这样的重构文本的呈现形式，一定能让学生为此一振。

教学实践表明，再精彩的内容、再前卫的教学方法，若一旦"熟悉化"，学生就会产生厌烦情绪。只有当输入的信息与人现有的认知结构之间具有中等程度的不符合时，人的兴趣才会最大。因此，要使学生对教学内容产生兴趣，将教学内容陌生化地"夹生"处理无疑是一个行之有效的做法。

例如"活动现场2"的做法 B 中，在学生做惯了运用除法规律都能使计算简便的题目中，突然插入一个反例，这样的"陌生"让学生感到很突然，强烈冲击着学生的思维定式，从而让学生醒悟，对知识有一个全面的认识。而"活动现场3"做法 A 的分层作业中，那些变式题、提高题、综合题都因为远离了学生熟识的基本题和常规题，对学生而言存在着或多或少的"陌生"成分，所以更能够挑动学生的神经和挑战学生的能力。

又如"活动现场4"中，在学生熟悉的某一教学内容中，变出一个元素不同或加进一个场合不同的"新生事物"一起学习，又会重新燃起学生见异思"迁"的一番探究热情，同时能够"亲近"它们之间的亲密关系，这是原来单一性知识、单一化教学时所无法达到的功效。

除了知识上的"生面孔"可以提高学生的学习兴趣之外，人员上的"生面孔"同样可以刺激学生的学习兴趣。例如现在的小学语文课本编排体例大多是单元板块式，教师就可以根据自己的教学特长，选择合适的教学内容，在其他班级"巡回演出"。有一位教师在自己的班级中教完《祁黄羊》一课后，感觉意犹未尽，而隔壁班的教师对古代人物的课不太感兴趣，于是他便主动请缨，要求到隔壁班级去上《祁黄羊》。而下一单元的现代文，刚好是他的弱项，却是隔壁班级教师的强项，于是便请她到自己班级中来上现代文。学生对于新老师，充满了好奇，所以听课也就格外认真，教学效果也就格外的好。

12. 学生：在学习中难有催人奋进、发人深省的顿悟，该怎么办？——

教师：让学生的学习在"突飞"中猛进

　　教学中，常常不缺少"平静"的事情，而常常缺少的是让学生感到"惊动"的事情；教学中，常常不缺少"平凡"的事情，而常常缺少的是让学生感到"惊奇"的事情；教学中，常常不缺少"平淡"的事情，而常常缺少的是让学生感到"惊喜"的事情；教学中，常常不缺少"平易"的事情，而常常缺少的是让学生感到"惊疑"的事情；教学中，常常不缺少"平滑"的事情，而常常缺少的是让学生感到"惊异"的事情。

　　这样"心平气和"的教学会造成学生学习的麻木和麻痹，让学生的表现越来越平庸。有活力的教学很多时间不需要"平铺直叙"，有时需要一种能够让学生"惊心动魄"的学习场景和学习内容，激励学生的学习斗志和激扬学生的学习斗智。

一、新授在"突变"中进入

　　活动现场 1 数学·"分数乘整数"

[做法 A]

教学"分数乘整数"时，教师一般会以下述方式设计铺垫题来导入新课。

(1) 5 个 12 是多少？用加法算怎么列式？用乘法算怎么列式？

(2) 计算：$\frac{1}{6} + \frac{2}{6} + \frac{3}{6}$，$\frac{3}{10} + \frac{3}{10} + \frac{3}{10}$

　　师："'$\frac{3}{10} + \frac{3}{10} + \frac{3}{10}$'这题我们还可以怎么计算？今天我们就来学习分数乘整数。"

[做法 B]（提供：刘德武）

　　在开始教学"分数乘整数"时，教师先让学生口算一些例如"$\frac{1}{5} + \frac{2}{5}$"、"$\frac{1}{8} + \frac{1}{8}$"、"$\frac{2}{9} + \frac{2}{9}$"、"$\frac{2}{9} + \frac{2}{9} + \frac{2}{9}$"、"$\frac{2}{9} + \frac{2}{9} + \frac{2}{9} + \frac{2}{9}$"等简单的同分母分数相加的加法算式，然后突然从手中甩出一条长长的纸条，

上面写着长长的 30 个 "$\frac{2}{9}$" 连加的分数加法算式, 让学生目瞪口呆, 连声惊呼 "怎么这么多啊!"

在让学生读题的时候, 学生读着读着情不自禁地笑了起来, 普遍反映这样太麻烦了, 于是教师顺势引导学生: "有没有简单的表示方法?" 学生根据整数乘法的意义类比想到 "$\frac{2}{9} \times 30$" 这样的乘法算式, 教师表示肯定。

活性分析

做法 A 中, 分数乘整数的知识基础有两个: 一是整数乘法的意义; 二是同分母分数的加法。由此, 教师在教学 "分数乘整数" 一课时, 一般都会设计这样的两种铺垫题目, 引导学生把原有的知识迁移到新知识学习, 类推出分数乘整数的意义和方法, 从而实现知识的同化学习。

做法 B 中, 教师并没有把学习新知识所需要的两根 "拐杖" 都放到台前, 事先提供给学生, 而只是抓住同分母分数加法这一条线索作为突破口向前推进。在突破时, 夺人眼球的是, 教师运用了夸张的突变手法, 突然从手中甩出一条上面写着 30 个 "$\frac{2}{9}$" 连加的分数加法算式的长长的纸条, 给原本比较枯燥的教学内容添加了一些色彩, 也给原本比较沉闷的课堂气氛添加了一些乐趣。然后, 当学生感到有 "难" 时, 教师才引导学生通过迁移整数乘法的知识经验来解决现在遇到的问题, 旧知的介入正好出现在了学生最需要的时候。

二、悟道在 "突出" 中迸发

活动现场 2 数学·"混合运算" (提供: 王兆正)

[做法 A]

"乘法和加、减法的两步混合运算" 一课的教学, 一般的教学思路是通过例题 "一个书包 20 元, 一本笔记本 6 元, 购买一个书包和 3 本笔记本一共需要多少钱" 的问题情境出发, 根据生活经验来说明先算乘法。

[做法 B]

一位教师在教学 "乘法和加、减法的两步混合运算" 一课时, 设置了一个冲突情境 "13 + 6 + 6 + 6 + 6 + 6", 数据的增多让学生感到惊讶, 但又很快警觉地发现了其中的规律, 得出结果: 这道算式里有 5 个 6, 所以可以先算

"五六三十"，然后再用30加13等于43。引导出综合算式：$13 + 5 \times 6$ 或 $5 \times 6 + 13$，体验到不管 5×6 在前还是在后，都要先算。

活性分析

做法 A 中，事实上，混合运算的运算顺序，是根据数学运算本身的特点而确定的，它产生于人们解决问题时的一种"求简"本能。很多数学知识的教学往往基于实际情境给出结论，这就有可能让学生形成数学知识由具体实际问题简单归结的错误认识，也就是上述生活情境并不是建立运算顺序的真正理由。

做法 B 中，从数学发展的角度去考察"为什么先算乘法"，并设计相应的教学活动，可以让学生对数学的认识更加深刻。教师通过一个数"13"后面紧跟5个"6"连加，在这样一个加法算式中，"13"后面长长的一串5个"6"的连加——"$6 + 6 + 6 + 6 + 6$"无疑显得更加突出，备受学生注目，也很容易让学生产生先进行求简处理的念头。这样，教师借助计算效率的极大反差，很自然地使学生由"从左到右依次计算"转向"先用乘法算出相同加数的和"，进而概括成"先算乘法"，最终领悟运算顺序规定的理由。

三、发现在"突发"中进取

活动现场 3 数学·"条形统计图"

[做法 A]

教学"条形统计图"时，例题是：2002 年 12 月 3 日，国际展览局成员国的代表投票决定 2010 年世界博览会的主办城市。在第一轮投票中，5 个申办城市的得票情况如图 5 所示。

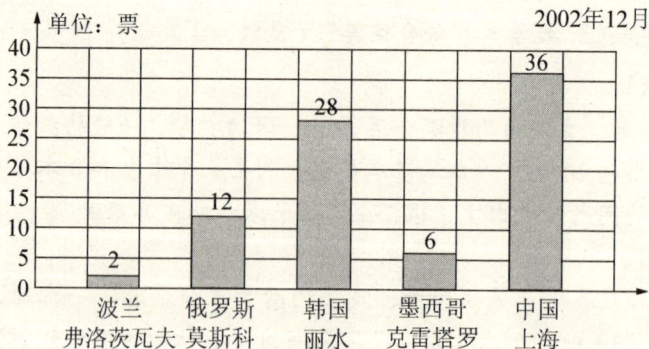

图 5　2010 年世界博览会申办城市第一轮得票情况统计

问题是：你知道这5个城市各得了多少票吗？你还能提出哪些问题？

交流时，学生提出了这样一些问题，诸如"哪个城市的得票数最高？""上海的得票数比丽水多几票？""上海的得票数大约是克雷洛夫的几倍？"……

[做法B]（提供：曹秋涛）

我在教学"条形统计图"的例题时，突然联想起前几日了解到的一则相关信息：国际展览局一共由89个成员国组成。可是，统计图中的5个数据相加，结果是84，并非89呀。这是怎么回事？何不让学生一起来思考思考？

"国际展览局有89个成员国，每个国家代表投一票，总票数应是89，统计图中的总票数怎么只有84票？"果然，这一问题一下子激起了学生的探究兴趣。有学生提出，参评城市正好5个，89－5＝84，很可能这5个城市所在的国家没有投票；也有学生认为，票数总数为84，也可能是有5个国家没有投票，我补充解释："也就是弃权"。

孰对孰错？说实话，我一时也有些糊涂。看着学生期待的眼光，我只能采取缓兵之计："到底是什么原因，老师也不清楚，等老师课外查完资料，再和大家交流。"没想到，紧接着，教材的"试一试"又一次用到了这一题材，并要求学生根据如下的"2010年世界博览会申办城市第三轮得票情况统计表"，完成统计图。

2010年世界博览会申办城市第三轮得票情况统计表

城市	俄罗斯莫斯科	韩国丽水	中国上海
票数	12	32	44

第三轮投票只剩下三个城市。细心的学生很快发现：这三个城市的得票总数是88，与总票数89票相差一票。"看来，申办城市所在的国家也参加了投票，如果不投票的话，第三轮的总票数应该是86，而不是实际上的88。"

活性分析

做法A中，"条形统计图"一课的教学目标无非是让学生能够了解统计图的特征与好处，并能够看懂统计图所表达的意思，而判断学生是否看懂的表现无非是能够说出从中发现的一些数学问题。事实上，这些问题的思维含量和探究分量不大，对学生缺乏挑战性，所以学生的表现常常比较疲软。

做法B中，应该说，教材选择的这一题材既具有现实意义，又具有时代感，是一个不可多得的好题材。然而，就数学教学而言，仅有这两点，还不足以构成一个优秀的学习题材，好的题材还应能够促使学生在数学领域里大显身手。

事实上，上述由"外"而"内"的精彩巧合，并非是题材本身的现实性与时代感引起的，而是由教师突然发现的题材本身的内在矛盾与冲突引发的。这一发现并不在教材的设定和教师的设计之中，属于生成性问题，却导演了一段颇具戏剧性的教学对话。更巧的是，学生的数学猜想能力、合情推理能力等都在教学过程中得到了有效地锻炼。

四、思路在"突围"中进步

活动现场4 数学·"认识圆柱"

[做法A]

教学"认识圆柱"时，学生对"圆柱的侧面展开图是长方形"是深信不疑的。当讨论"侧面展开图是否会是一个正方形"时，就有学生提出："这样的圆柱，在实际生活中是不存在的。"理由是，这时圆柱的高应该等于圆柱底面的周长，而计算得到的圆柱底面的周长实际上是一个近似值，所以侧面展开图只能说是一个"近似的正方形"，实际上仍旧是一个长方形。

在学生"振振有词"的辩驳之下，教师也被困住了。是啊，将一个现成的圆柱侧面沿高剪开，展开后要得到一个正方形几乎是不可能的。教师用极限的思想方法向学生进行解释、说明，可这对于小学生来说，太抽象、太空洞了，只会将简单问题"复杂化"。

[做法B]（提供：蒋欣）

当我在课中遇到这样的问题时，并没有从正面直接回应学生的观点，而是采用了旁敲侧击的教学策略，反其道而行之，让学生在操作中自己"做"出答案。

我组织了一个极其简单的活动：请学生拿出一张纸，剪下一个正方形，并试着卷成圆柱形。通过这个活动，学生思维终于转过弯来，很快地明白，侧面展开后是一个正方形的圆柱是存在的。

活性分析

做法A中，学生之所以认为"一个圆柱的侧面展开后不可能得到一个正方形"，可能是"先入为主"的缘故，就是说学生的注意以及教师为学生创设的情境，都是以一个现成的圆柱作为起点进行操作的，这就容易使学生的思维形成定式，只会从顺向思考问题。另外一个原因是，极限思想对学生而言非常抽象，教师也很难解释清楚，然而要让学生顺向思维，教师就必须要用极限思想解释，最终使学生感到越来越纠结。

做法 B 中，对于原始问题"侧面展开图是否会是一个正方形"，当采用顺向推理的教学策略，发现教师说不清楚、学生听不明白的时候，我们还可以采用逆向思维"用正方形纸作为侧面展开图能否卷成一个圆柱体"。让学生实验成功，用反证法帮助学生跳出对某个现成的圆柱进行操作的"思维框架"，在学生思维的突围中巧妙地解决学生关于"存在性"的疑问。

---- 活学活用 ----

在采用"突飞猛进"教学策略，以追求最终"不把学生教死"之良好教学效果的过程中，教师可以从以下几方面进行考虑。

活法 1：动感教学需要视觉上的冲击

我们常说，眼睛是心灵的窗户。由此可推出，眼睛还是学习的窗户。视觉是人类最重要的感觉，人脑所感受的外界信息，80% 以上来自视觉。由此可见，视觉在学生学习中有着极其重要的地位，它左右着学生的学习效果。

然而，在单线条、长时间、慢节奏的学习过程中，学生很有可能会出现"不想看"的厌倦，造成这种结果的原因大致有两种：一种情况是学生会出现用眼过度，产生视觉疲劳；另一种情况是学生会出现视觉乏力，产生视觉麻木。

要让学生的眼睛炯炯有神，我们应该知道，学生的眼睛喜欢看什么样的东西。答案很明显，那些多彩的、活动的、变化的事物能够冲击学生的视觉，吸引学生的视线和注意。

例如"活动现场 1"的做法 A 中，学生学习的内容是计算，相对来说，计算课就比较枯燥，情境不生动、素材不丰富、探究不刺激，这些先天的"不足"更多地缘于教学内容的不"好看"，难以刺激学生的视觉神经，于是常常不被学生所"看好"，由此这种课的教学气氛往往比较平淡甚至沉闷。

而"活动现场 1"的做法 B 中，让学生眼前一亮的是教师动作的夸张——突然甩出一条长长的纸条，以及知识的夸张——竟然写了 30 个 "$\frac{2}{9}$" 连加，读、算的费时、费事触动了学生追求简单的神经，从而焕发了学生的探究精神，活跃了学生的思维，进而促使学生思想的飞跃，自觉找到化繁（加法形式）为简（乘法形式）的表达方式。

活法 2：动感教学需要情感上的冲击

平常的学习，有时需要学生能够"静心"学习，有时也需要学生能够"惊心"学习，这样的学习过程才会有起伏，教学过程才具有曲线美。这种"一波三折"的教学，能让学生的学习有张有弛，从而让学生感觉学习不单调，也不累人。

所以，教师常会在平静的教学气氛中搞出一些"动静"，来冲击学生冷淡的情感。除此之外，有时还可以在平常的教学内容中搞出一些"非常"，来冲击学生平淡的情感。例如"活动现场3"的做法 B 中，教师如果像平常那样单纯地照本宣科，那么学生虽然能够提得出那些不成问题的知识问题，却丝毫提不起学生研讨这些问题的劲头。然而，当学生看到了题材中存在的情节冲突之后，尽管发现的问题从表面上看并不属于知识问题，但学生依然对这种突然发现的问题表现得兴致勃勃，这是因为越是难以找到答案的问题越能挑起学生欲知详情的激情。让教师感到惊喜的是，学生在这一似乎不是知识问题的解决过程中，不仅了解了一些社会信息，而且数学能力也得到了训练。由此可见，它也可属于知识问题，只不过要在解决问题的过程中才能体现出来。

活法 3：动感教学需要思维上的冲击

我们说，人的大脑如同一台机器，不动会生锈，反应会变得迟钝。在开动脑筋的过程中，如果缺少"润滑油"，同样会转不动。在教学中，教师应该善于在知识呈现、知识活动、知识训练和知识评价的过程中，经常添加这种能让学生思考问题更顺畅的"润滑油"，让知识运转得更具有冲击力，促使学生思维转得动、转得快、转得活，能够较快地切入正题和较好地攻克难题。

例如"活动现场2"的做法 B 中，相同的数的连加，要比不同的数连加，更能引起学生的注意。教师突出了这样的运算特征，如同在学生思考问题时添加了"润滑油"，更能对知识目标做到精确定位和精准打击。这样的思维冲击，可以使学生眼界顿开，引导学生快速领悟知识背后的内在道理。

又如"活动现场4"的做法 B 中，让学生寻找新的途径，在动手操作实践中解决问题，无疑也是在学生已经卡住的思维中添加了"润滑油"，从而使学生能够转过弯来，打破定向思维，能够在顺向思维与逆向思维之间灵活转换。这样的思维冲击，可以使学生茅塞顿开，引导学生很快觉悟问题背后的合理解决方法。

B 内容上，不「教死书」

01. 学生：面对枯燥的数字或文字感觉模糊或陌生，该怎么办？——

教师：让学生"有感觉"地学习

学生的学习是需要感觉的，一是能够感觉到知识的有趣，二是能够感觉到知识的有法，三是能够感觉到知识的有用，这样学生的学习才会表现得真心实意。要让学生的学习"有感觉"，教师必须努力做到两点：一是让学生能够"情深"，让学生感到学习的过程回味无穷，二是让知识能够"意重"，让学生感到知识的获得意味深长。

一、增加实践活动，让学生有更实的体验

活动现场1 语文·《找春天》

[做法 A]

上课铃声响起，教师板书课题《找春天》，然后让学生翻开课本开始朗读课文。之后指导学生分段后逐一进行分析。

[做法 B]

教学《找春天》一课前，教师让学生到大自然中去寻找春天。上课时，教师让学生先把自己在大自然中发现的春天画下来，然后用一句话讲给大家听。不一会儿，一幅幅充满春天气息的画展现在大家眼前。有的说："春天来了，柳树发芽了。"还有的说："春天来了，我和爸爸妈妈到公园放风筝。"……孩子们举起自己的画，你一言我一语，兴致勃勃地讲述着自己发现的春天，与大家一起体验发现的快乐。

这时教师及时引导："大家都找到了春天，并把它画了下来。你们想不想知道课文中的小朋友在春天发现了什么？"这一问题激发了学生朗读的兴趣。于是，大家纷纷拿起课本，自由朗读起来。

活性分析

做法 A 中，教师的思想比较传统，认为教学的地点只是在课堂，认为教学的材料只是课本，认为教学的体验只是朗读，这样的教学很多情况下只能使教学变成"纸上谈兵"，学生缺乏学习的真情实感。

做法 B 中，教师在课前安排了实践活动，让学生用自己的方法、用自己

的感觉在大自然中"找"春天，然后在课堂上用画一画、说一说的方法把自己身边的春天描绘和描写出来。课前的实地考察让学生对春天有了认识，所以交流时学生很容易产生共鸣，再读课文所描绘的春天就会做到有声有色，如此整节课的教学气氛让人有着春天般的感觉。

二、增加科学资料，让学生有更深的认识

活动现场 2 数学·"数的改写"

[做法 A]

1. 教师出示课本准备题。读出下面各数：280000、4060000、750000000。

2. 教师指名读，学生齐读。

3. 教师在对应的数下写"28 万"、"406 万"、"75 亿"。

4. 师："有时我们读写一个较大的数，为了简便，常改写用'万'、'亿'做单位。"

5. 揭示课题：把较大的数改写成用"万"、"亿"做单位。

[做法 B]（提供：赵相莲）

1. 创设情境。出示资料"人体中的数据"：人的心脏如果一分钟跳动 70 次，一昼夜就超过 100000 次，人活到 60 岁时，心脏已经跳动了 2000000000 次。它的工作量是惊人的，一年能使血液流动 2500000000 米，60 年心脏可压出血液 130000 吨。

2. 学生自由读资料。（有的学生站起身点"0"的个数，有的学生边读边把手按住心脏）

3. 师："读了之后，有什么想法？"

生："心脏真命苦呀！（生笑）人活着全靠它了，我们要保护心脏！"

生："我看见老师把这些话抄在黑板上，花了好长时间，很辛苦！"

生："老师可以把'100000 次'、'2000000000 次'这些大的数改写成语文文字。这样好抄，我们也好读。"（学生纷纷表示赞同）

4. 师："感谢大家的建议！有时在生活中，我们有必要对一些大的数稍作改写处理，要让人们读起来、写起来比较简便。"

5. 揭题：改写较大的数据。

活性分析

做法 A 中，采取常规的"告诉—强记—训练"的方法，其终端结果也能达标，且快捷实用，但由于缺乏学习主体的情感参与，学生获得的只是认知

结构随知识的叠加而扩充了的储备，其他的可持续发展因素却很少得到发展。学生感觉教学内容比较枯燥无味。

做法 B 中，多了一份"人体中的数据"资料，为学生搭建起了数学与实际生活的桥梁。在现实情境下的数字，赋予了生活的意义，学生在"摸得着"中对这些大数有了充分的感觉，从而对这些数字有了丰富的感情。接着，学生在"读着繁"中对这些大数有了改写的想法，从而调动知识和生活经验创造出新的写法。

三、增加参照对象，让学生有更准的估计

活动现场3 数学·"认识公顷"

[做法 A]

当学生知道公顷的意义以及"1 公顷 = 10000 平方米"的换算后，教师让学生通过计算发现自己学校的两个操场面积大约是 1 公顷。接着，教师在大屏幕上打出天安门的平面图，又让学生估计天安门的面积大约有多少公顷。此时，学生乱猜一通，教师只能自己公布答案。

[做法 B]

另一位教师在学生知道公顷的意义以及"1 公顷 = 10000 平方米"的换算后，也让学生通过计算发现自己学校的两个操场面积大约是 1 公顷。接着，教师在大屏幕上打出天安门的平面图，在旁边又打出采用相同比例尺画出的学校操场的平面图，让学生估计天安门的面积大约有多少公顷。此时，学生的答案与标准答案相差无几。

活性分析

做法 A 中，公顷这一面积单位的大小对学生来说比较抽象，也比较遥远，不如平方厘米、平方分米和平方米这些小的面积单位容易"把握"，这是学生正常的学习反应。当估计大范围土地面积时，学生大都感觉比较吃力，大多只能凭空猜测。

做法 B 中，教师只是在天安门平面图旁边放了一张学生已知面积大小的自己学校操场的平面图，这样学生在估测时就有一个参照物，当学生"比较"有感觉后，也就能够做到估计得八九不离十了，这样的估测才有根据，也才有意义，否则只能是胡乱猜测。

四、增加问题数据，让学生有更好的选择

活动现场4 *数学·"找规律"*

[做法 A]

教师在教学找周期规律时，首先让学生观察盆花的图片，发现从左边起盆花的摆放规律是按"蓝色、红色"的顺序依次重复排列，然后教师提问："照这样摆下去，左起第 15 盆是什么颜色的花?"有的学生用符号表示"画一画"的方法，有的学生用单双数的规律"数一数"的方法，有的学生用除法"算一算"的方法，他们都找到了答案。

接着，教师又让学生观察按"红色、紫色、蓝色"顺序依次重复排列的彩灯的图片后，提问："照这样排下去，从左边起第 17 盏彩灯是什么颜色?第 18 盏彩灯呢?"学生用"画一画"和"算一算"的方法得到了答案。

[做法 B]

另一位教师所用方法与上面教师不同的地方是在第二层次的教学中。教师提问"照这样排下去，从左边起第 17 盏彩灯是什么颜色? 第 18 盏彩灯呢?"学生用"画一画"和"算一算"的方法得到了答案后，教师又把数据改成了"120 盏"、"865 盏"等大数目，引导学生感受到计算方法的优越性，并在以后的相关找规律问题中自觉选用。

活性分析

做法 A 中，在第一层次的教学中，因为情境的特殊性和问题的简单化，学生很容易产生多样化的方法，此时学生还无法发现一些方法的局限性。在第二层次的教学中，因为情境的改变，学生已经自觉淘汰了其中应用范围比较狭窄的"数一数"这一方法，然而学生对剩下的"画一画"与"算一算"方法的便利性似乎仍未有明显区别。

做法 B 中，教师只是在做法 A 的基础上多了一问，把小数目改成了大数目，让学生明显感受到"算一算"方法的好处，从而心甘情愿地选择这一具有普适性的方法。

—— 活学活用 ——

在采用"丰富背景"教学策略，以追求最终"不把学生教死"之良好教学效果的过程中，教师可以从以下几方面进行考虑。

活法 1：让学生"看得见"

上课中，学生面对文字材料，他们或许"看得见"的只是一些文字的排列组合，而未对文章中描写的情节以及反映的情理有充分的感受，这很多情况下是由于学生对文章中所描写的情境缺乏真切的体验，学生"看不见"文章深处的东西也就情有可原，这时我们就能理解为什么有时候学生表现得那么"虚情"和"假意"，因为他们缺乏生活体验。此时，教师就应该积极创造条件让学生能够先实地考察一番，等有了丰富的经历，学生学习课文时就会有一种真切的感觉。

例如上述"活动现场 1"的做法 B 中，教师先让学生到大自然中找春天，等到上课时学生就感到有话可说、有情可抒，并能够很容易看懂其他同学眼中的春天和文章作者眼中的春天。

活法 2：让学生"摸得着"

许多情况下，教学材料中的数字和文字是比较枯燥的，也没有浓厚的情感色彩，学生学习时普遍会感到比较乏味。尽管学生仍然会跟着老师学习知识，但可能是一种被动的无奈。此时，教师就应该考虑能否把抽象的知识形象化，把它们放置于具体的情境中，让学生可以触摸到知识的温度，从而真心喜欢学习。

例如上述"活动现场 2"的做法 B 中，教师把那几个孤零零的数字嵌入了一个关于人体的科学研究中，让学生一边摸着自己的心口一边走进知识的大门，这种感觉是真切的，这种学习是有情的，学生还会感到无趣吗？

活法 3：让学生"够得上"

在学习中，学生对一些孤立的、空洞的教学材料会感到比较模糊或比较遥远，在能力上也够不上，于是就会出现缺乏根据的瞎说、瞎猜。此时，教师对一些超出学生认识能力的材料增加参照物，让学生在学习中借鉴参考，这样学生对知识就会在"比较"中有感觉，从而使自己的见解能够有理有据，让人信服。

例如上述"活动现场 3"的做法 B 中，在学生对大面积的估测感到茫然时，教师就及时增加了一个小面积材料的参照对象——"自己学校的操场平面图"，于是学生的估测就有了"凭据"，不再是胡乱猜测。

活法4：让学生"想得远"

在学习中，还有一种情形是，学生面对一些缺少足够数量支持的材料时，会出现看不远的目光短浅现象，对方法的优化缺乏感觉。此时，教师就应该不断扩展材料的数量，引导学生在多样化的材料中对多样化的方法有一个全面和深刻的认识，从而实现方法的优化。

例如上述"活动现场4"的做法 B 中，教师没有停留于教材上的那几个数字，而是把"小数"替换为"大数"，让学生体会到不同方法的优劣，使学生主动放弃一些有局限性的方法，自觉选用具有普适性的方法。

02. 学生：面对单薄的学习材料思路单一，该怎么办？——

教师：让学生在"见多"中"识广"

学生视野的开阔、能力的提高、知识的获得都离不开足够材料（物质材料或文字材料）的支持与训练，所以，教师应该为学生看得更多、想得更深、学得更好添砖加瓦，从而为教学增光添彩。

一、增加不同质地材料，让探索从模仿走向创造

活动现场1 数学·"圆的周长"

［做法A］

一位教师让学生准备了5角、1元的硬币和一个圆瓶盖子以及相关的学习材料，如尺子、细绳等。学生分成小组，按教师所提要求，先测量出每个圆的周长和直径，再通过计算，寻找圆周长与直径的关系，最后得出圆周长的计算公式。

［做法B］（提供：王晓祥）

一位教师也为学生提供了上述学习材料，所不同的是又向学生提供了一些绘有圆形图案的物件，还有一个是由软布做成的圆。同样是让学生分小组探索圆周长与直径的关系。

活性分析

做法A中，由于每人准备的圆都是用硬质材料制成的，只是大小不同而已，得出周长的方法无非是滚动或绕绳测量两种，缺乏对问题的深究。

做法B中，通过合作，学生用滚动或绕绳的方法测出前三种硬质材料制成的圆的周长。但是软布剪的圆用上述方法测量比较费劲，难以得到正确的结果，怎么办？通过交流、讨论，许多学生想到了用折叠法，有的学生先把圆形软布一次对折，用绳线沿弧线量出圆形软布周长的 $\frac{1}{2}$；有的学生先把圆形软布两次对折，用绳线沿弧线量出圆形软布周长的 $\frac{1}{4}$，再推算出整个周长。而面对绘有圆形图案的物品时，滚动、绕绳、折叠等方法都派不上用场

了，学生自然将关注点从测量周长转向计算周长，从而转入探索周长与直径关系的研究。整个活动充满探索性、挑战性。

二、增加不同数量材料，让交流由肤浅走向深入

活动现场2 数学·"梯形的面积"

[做法A]

一位教师先引导学生复习三角形面积公式的推导过程，并引入新课。接着让学生拿出课前准备好的两个完全一样的梯形，想办法拼成以前学过的平面图形。几分钟后，组织学生交流、汇报自己的发现。学生纷纷说："我发现两个完全一样的梯形可以拼成一个平行四边形，平行四边形的底相当于梯形的上、下底之和，高相当于梯形的高，所以梯形的面积＝（上底＋下底）×高÷2。""同学们说得真好！"教师十分高兴地表扬了学生。

[做法B]（提供：李辉）

一位教师让学生说说对梯形已经有了哪些了解，之后再让学生利用手中的梯形（有的学生只发到了一个梯形，有的学生则发到了两个完全相同的梯形），通过折折、剪剪、拼拼，看还能发现什么？学生独立操作后，进行交流。

生1："我发现任何梯形都能分成两个三角形。"

生2："我发现任何梯形都可以分成一个三角形和一个平行四边形。"

生3："我发现只要将两个完全一样的梯形拼在一起，就能拼成一个平行四边形。"

生4："我还发现将梯形上下对折，沿着折痕剪开也能拼成一个平行四边形。"

教师及时表扬学生善于思考、勇于实践，然后启发学生还想研究梯形的哪些问题。当学生说出想研究梯形的面积时，教师又让学生交流推导梯形面积公式的初步设想。最后让学生分组探索，学生在交流时提出了丰富多彩的、富有创意的思路和想法。

"能将新问题转化成已学过的问题来解决，这本身就是一种创造。在这些方法中，你最欣赏哪一种？"教师再次组织学生进行讨论、交流。

活性分析

做法1中，学生交流得很顺利，很清楚地说出了梯形面积公式的推导过程，但这种交流完全是教师牵制下的"奉命行事"。复习的知识与新知有什么

内在的联系，为什么要用两个完全一样的梯形拼在一起，怎样想到这样拼等问题学生都很茫然。活动本身的封闭和确定性，限制了学生交流的空间。学生没有机会，同时也不愿意进行深入的思考，自然缺少独到的见解和想法，只能人云亦云。这种徒有形式、照本宣科的交流，从本质上说是肤浅的、低效的。

做法2中，学生的思维是活跃的、开放的，交流是充分的、热烈的。教师注意给学生提供不同的学习素材——个或两个完全相同的梯形，使学生有机会从多种角度研究梯形的特点，为自主探索梯形面积公式做好了充分的准备。而在学生提出用多种方法推导梯形的面积公式后，教师又提出问题，及时引导学生进行比较，形成优化的方法。通过交流，学生不但经历了知识的探究过程，即"发现问题—提出设想—验证设想—解决问题"，而且领悟了"转化"这一重要的数学思想方法。这种交流不再是学生为了完成教师的任务而被迫应答，而是展示自我的一种内在需要。

三、增加不同呈现材料，让体悟从缓慢走向明快

活动现场3 数学·"面积单位"

[做法A]

师："请同学们比一比第一个长方形与第二个长方形哪个面积大？"（第一个长方形的长与宽稍大于第二个长方形的长与宽）"说说你是怎么比的。"

生："第二个长方形面积比较大。我把它们叠起来，第二个长方形还有多出来的部分。"

师："确实是个好办法。那么第二个长方形与第三个长方形呢，哪个面积大？"

重叠后，学生发现第二个长方形的长稍大于第三个长方形的长，而第二个长方形的宽却稍小于第三个长方形的宽。

生："老师，我把第二个长方形多出来的部分剪下来，和第三个长方形多出来的部分比一比。"（学生边剪边说，结果发现仍然无法直接比较剪下来的两个小长方形的大小）

师："现在我们用观察、重叠、割补的办法，都无法比较出两个长方形的大小，那你们会不会选择这些学具（小长方形、小圆片、小正方形、小正三角形）中的一种，在长方形纸上拼一拼、摆一摆、比一比呢？"

学生操作后汇报，发现选择的图形不同，拼摆的结果也不相同；圆片有

缝隙，不准确；长方形长宽不同，不方便；正方形和正三角形能测量出结果，使用正方形更简便。于是，教师让学生使用小正方形在两个长方形上摆一摆，看看分别要摆几个。

生："第二个长方形中要摆8个小正方形，第三个长方形要摆9个小正方形。所以，第三个长方形面积比较大。"

师："请同学们再来摆一下刚才的第一个长方形，改换用你信封中的小正方形摆一摆，有几个小正方形那么大？"

生："有4个小正方形那么大。"

生："不对，应该是9个。"

师："为什么个数会不一样呢？"

生："因为小正方形的大小不一样。"

师："观察得真仔细。如果这个小正方形再做得小一些去摆，结果会怎么样？"

生："需要的小正方形会更多。"

师："做得再小一些，再小一些，还可以再小一些……"

生："老师，这样小正方形的大小就定不下来了。"

师："是呀，那该怎么办呢？"

生："我们可以先预定好有多大。"

师："'预定'这个词用得真好！小正方形需要有统一的大小才能进行比较，而且这大小不是我们统一就行了，国际上都要统一。我们就把确定下来的统一的大小，叫做'面积单位。'"

[做法B]

教师出示了一张长方形纸，先让女生闭上眼睛后男生观察画有（6×3）18个方格的纸的一面，然后让男生闭上眼睛后女生观察画有（4×2）8个方格的纸的另一面。男生和女生在汇报这个长方形的面积时，结果不一样。教师趁机展示长方形纸的两面，学生恍然大悟，随之隆重推出统一的面积单位成了学生"心的呼唤"。

活性分析

做法A中，教师从两个大小明显、学生一眼就可以看出大小的长方形开始，再"进步"到两个大小不明显、学生无法一眼看出大小的长方形，引导学生根据生活经验，采用重叠法、剪切法、测量法进行比较，然后"进步"到间接测量，先从不同形状的"中介"量具的比较中，让学生发现用正方形比较方便，然后再在不同大小的正方形的摆测中，让学生发现使用时大小必须统一才比较方便，最终引出教学的"正题"——面积单位。这种小步子、慢节拍的剥笋式教学，尽管也让学生产生了需要统一面积单位的想法，达到了教学目标，但知识的得出耗时比较长，并且仍然有着比较明显的被教师牵着走的痕迹。

做法 B 中，教师利用长方形纸的两面，人为制造了男生与女生看到的"相同的事物不同的结果"的现象，之后产生"两面派"的局面。教师在学生各执一词的争执中魔术般地揭示谜底，使学生明晰问题的症结所在，全体"表决通过"教师提出的"统一大业"。这种相同材料不同呈现的教学技术，让学生在比较短的时间内在强烈的对比和体悟中爆发出需要统一面积单位的呼声，这样的教学就比较高效。

四、增加不同来源材料，让阅读从平面走向立体

活动现场4 语文·《圆明园的毁灭》

[做法 A]

一位教师上完《圆明园的毁灭》一课，发现这篇课文对圆明园的景色和文物描写得比较简单，学生从中还不能充分感受到圆明园的美丽迷人。

[做法 B]（提供：吴旭青）

这位教师接着在另一班级上时，为了开拓学生的视野、激起学生对圆明园毁灭的惋惜和愤恨，就穿插了文本《雨果致巴特莱德的信》中的两段文字：

①"请您用大理石，用玉石，用青铜，用瓷器建造一个梦。用雪松做它的屋架，给它上上下下缀满宝石，披上绸缎，这儿盖神殿，那儿建后宫，造城楼。里面放上神像，放上异兽，饰以琉璃，饰以珐琅，饰以黄金，施以脂粉……再添上一座座花园、一方方水池、一眼眼喷泉，加上成群的天鹅、朱鹭和孔雀……总而言之，请假设人类幻想的某种令人眼花缭乱的洞府，其外貌是神庙，是宫殿。那就是这座名园。"

②"过去的艺术家、诗人、哲学家都知道圆明园，伏尔泰就谈起过圆明园。人们常说：希腊有巴特农神庙，埃及有金字塔，罗马有斗兽场，巴黎有圣母院，而东方有圆明园。要是说，大家没有看见过它，但大家也梦见过它，这是某种令人惊骇的杰作。在不可名状的晨曦中依稀可见，宛如在欧洲文明的地平线上瞥见的亚洲文明的剪影。"

在体会圆明园的"不可估量的损失"的过程中，再次补充了一些片段性

文本，具体再现侵略者大肆抢劫、任意毁坏，最后焚烧圆明园的罪恶行径。

活性分析

做法 A 中，学生缺乏深切体会的原因在于语文课本里的一些课文，文质兼美，但由于离学生的生活实际太遥远，这无疑在读者和作者之间形成了一条鸿沟。要让学生走进课文特定的境界，感悟其中的情趣，必须有所铺垫，而这种铺垫单凭教师的说教，学生是得不到真正感悟的，必须有足够的时间和内容，通过合理的穿插，才能使学生在知识和情感两个层面上更加贴近课文，贴近作者，实现真正意义上的体验。

做法 B 中，学生通过教师增加的拓展性阅读，对圆明园的感受逐渐由平面趋于立体，由单薄趋于丰满。在体会圆明园的"不可估量的损失"的过程中，再次补充的文本填补了学生思维的空白，与课文内容相互照应、相互补充、相得益彰。

—— 活学活用 ——

在采用"添加材料"教学策略，以追求最终"不把学生教死"之良好教学效果的过程中，教师可以从以下几方面进行考虑。

活法 1：无中生有

当学生面对教材出现情感苍白、思维局限时，教师不妨考虑"在教材的基础上，是否有可能增加其他教学材料来帮助学生更深刻地理解知识和更全面地思考问题"，从而寻找合适的材料来填补教材的空白和丰富学生的认识。

例如上述"活动现场 4"的做法 B 中，教师添加了课文中没有的一些文字材料，勾住了学生更多的"注意"；又如上述"活动现场 1"的做法 B 中，教师在教材提供的硬质材料的基础上，添加了一些软质材料，引发了学生更多的"主意"。

活法 2：有中选优

当拥有不止一套教学材料时，教师就要考虑"用哪一套教学材料能更好地达到教学目标"。无疑，教师应该选用那种既能够提高教学效率又能够提高教学效益的教学材料来辅助教学。

例如上述"活动现场 3"的做法 B 中，教师对一张长方形纸大做文章，只是增加了对纸的两面的不同设计，就促使了同学们在视觉冲突中自发产生了"统一"的思想。可见，此教学手法比做法 A 中教师安排多种教学材料陆续登台亮相要省事和省时得多，无疑做法 B 技胜一筹。

活法 3：优中创新

为了培养学生的创新能力，教师在教材提供的材料的基础上应该多思考"有没有其他的教学材料也能够让学生通过另外的途径获得知识"？如果经常这样训练，可以让学生获得"成功的路儿不止一条"的学习方法和人生感悟。

例如上述"活动现场 2"的做法 B 中，教师增加了不同数量教学材料的发放，使班级中学生拿到的材料不同，迫使学生只能根据自己现有的材料实施探究活动，最终殊途同归，发现都能推出正确的结论，继而在相互交流和相互讨论中彼此分享成功的经验和成功的快乐。

03. 学生：常常缺乏学习的需要和学习的动力，比较被动，该怎么办？——

教师：让学生在有"备"中走进课堂

我们都说，有备无患。在教学中，我们也应该做一个有准备的人。教师需要有心理准备的是，学生可能并不像你想象的那样对新学知识没有"准备"，他们在很多情况下会或多或少地知道一些，对此教师应该在教学设计和教学规划中做好充分的准备措施。

更积极的做法是，教师应以主动的姿态迎接学生的有"准备"，鼓励学生有准备地学习。让学生在学习新知识之前，可以先在生活中寻找知识、在情境中感受知识、在教材中预习知识，从而带着问题或带着探究任务走进课堂学习。这种有准备的学习是一种有方向、有方案和有方法的学习。

一、让学生带着"经验"走进课堂

活动现场 1 **数学·"百分数的意义与写法"**

[做法 A]

师："近几年，市政府投入更多的资金，要建设园林城市。消息一传出，许多植树公司纷纷表示愿意承担此项工程。你觉得市政府在选择公司时会考虑哪些因素？"（学生回答：实力、服务质量、完成工期、诚信度、公司规模等）

师："市政府对他们以前的工程现场进行了调查，采集回了以下信息：(1) 甲公司负责的 1 号路段中，现在成活树苗有 24 棵；(2) 乙公司负责的 2 号路段中，现在成活树苗有 19 棵；(3) 丙公司负责的 3 号路段中，现在成活树苗有 47 棵。看着这组信息，你会选择哪个植树公司呢？"（不确定）

师："只了解成活的棵数还不行，还需要知道树苗的总棵数。三个公司的总棵数分别是：甲公司共种树苗 25 棵；乙公司共种树苗 20 棵；丙公司共种树苗 50 棵。现在，你会建议市政府选择哪个公司呢？"

师："成活棵数是总棵数的几分之几？怎样比较可以快一些？"（通分）"现在同学们可以很快做出判断，选甲公司比较好。老师把问题改一下，成活棵数是总棵数的百分之几？"（引出百分数）

甲：$24 \div 25 = \dfrac{24}{25} = \dfrac{96}{100} \times 100\% = 96\%$

乙：$19 \div 20 = \dfrac{19}{20} = \dfrac{95}{100} \times 100\% = 95\%$

丙：$47 \div 50 = \dfrac{47}{50} = \dfrac{94}{100} \times 100\% = 94\%$

[做法 B]（提供：浦陈霞）

师："老师从我们平时单元测试的卷子中，摘录了两条信息'填空题（20%）'、'选择题（10%）'，其中的两个数你知道叫什么数吗？"（板书：百分数）

师："如果试卷总分是 100 分，你知道'填空题 20%'表示什么意思吗？"

生："表示填空题的 20 分占总分 100 分的 $\dfrac{20}{100}$。"

师（引导）："也就是说'填空题 20%'表示填空题的 20 分占总分 100 分的 $\dfrac{20}{100}$。"

师："那'选择题 10%'表示什么意思呢？"

生："表示选择题的 10 分占总分 100 分的 $\dfrac{10}{100}$。"

教师继续出示以下信息，让学生说说其中百分数所表示的意义。

（1）"我国的耕地面积约占世界耕地面积的 7%"、"我国的人口约占世界人口总数的 22%"。

（2）今天，全校学生的出勤率为 95%。

（3）学校鼓号队中，男生人数是女生人数的 80%。

教师引导学生概括出"表示一个数是另一个数的百分之几的数，叫做百分数。"

教师出示"一堆煤 $\dfrac{97}{100}$ 吨，运走了它的 $\dfrac{75}{100}$"，并提问："其中哪个分数可以用百分数来表示？哪个不能？为什么？"

师："百分数只表示两个数之间的关系，所以百分数是一种特殊的分数。"

活性分析

做法 A 中，教师严格按照知识发展的逻辑顺序，由特殊的分数出发展开百分数意义的教学，围绕选择植树成活率高的公司这一生活问题，逐步引出如何比较两个数量之间的关系的讨论。但学生由于知识局限，尚很难区分此时用"差比"和"倍比"来研究两者之间的关系哪个更科学，所以最终仍然只能由教师告诉学生用"求部分数占总数的几分之几"来比较，从而顺势把恰好通分成分母为 100 的分数改写成百分数，并引出百分数的意义。由此可见，教学中教师"牵"的痕迹比较重，学生也并不十分明白比较方法的选择理由。

做法 B 中，学生在平时学习中经常会经历考试，也就经常会看到每个题项后面附带的用百分数表示的占分情况。因为一般试卷的总分正好是 100 分，这种形式的占分学生看得多了，也就会慢慢琢磨出这些百分数所表示的大体含义，这就是学生在正式学习百分数知识之前的生活经验。鉴于此，教师巧妙地把试卷上的百分数的占分作为教学的引子，让学生说说自己对这些百分数的已有理解。之后，教师由具体的"分数"过渡到稍微抽象的"份数"，最后过渡到更为抽象的"文字"，提升学生的理解水平。同时，教师在呈现了一些用百分数表示的总分关系的具体例子之后，及时增加了用百分数表示的并列关系的具体例子。最后，在与表示具体数量的分数的比较中，突出了百分数的特殊性，至此让学生完整地认识了百分数的意义。

二、让学生带着"预习"走进课堂

活动现场 2 数学·"三角形的认识"

[做法 A]

一、复习铺垫，引出课题

1. 指出下面的角各是什么角？

2. 师："同学们都知道角的两边是射线，下面我在角的两条边上分别点上一个点，然后把这两点连结起来，看它变成了一个什么图形？"（三角形）"今天我们进一步来认识、研究三角形。"

二、合作探究，体验感悟

活动一：感知三角形的特征。

1. 做三角形。学生可能会有四种方法：（1）用三根小棒摆三角形；（2）在钉子板上围三角形；（3）直接沿着三角尺的边描三角形；（4）用直尺在方格纸上画三角形。

2. 画三角形。（1）在作业纸上画三角形；（2）在点子图上画三角形。观察三角形有几条边、几个角和几个顶点。

活动二：探究三角形的三条边之间的关系。

1. 设疑。三条线段一定可以围成一个三角形吗？

2. 感知。请学生将饮料吸管任意折成三段，看能否围成一个三角形。

3. 探究。学生在4厘米、5厘米、6厘米和10厘米的小棒中任意取三根围三角形，记录每次选用的小棒的长度，判断能否围成三角形。

4. 结论。讨论交流后，总结出：三角形的两条边的长度的和大于第三边。

[做法B]（提供：钱蔚）

一、揭题检预

1. 师："同学们，通过预习，你们知道这堂课我们要一起研究什么吗？"（板书课题：认识三角形）

2. 师："你在生活中哪些地方看到过三角形？"

3. 师："确实，三角形在我们的生活中随处可见。根据你以往对三角形的认识以及课前的预习，你认为三角形是什么样的呢？"（三角形有3个角、3条边和3个顶点）

4. 师："说得不错，我们一起来判断，下面的图形是三角形吗？为什么？"

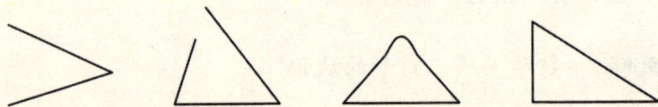

小结：由三条线段首尾相连围成的图形是三角形。

5. 师："（1）你能用书上介绍的方法动手制作一个三角形吗？（2）除了书上的这些方法，你还能想到其他方法吗？""是啊，预习时，我们不仅要看书上的内容，还要想书上没有的，这也是预习中一项必不可少的工作。"

二、研究探索

1. 师："通过预习，你还知道了什么？"（三角形两条边长度的和大于第三条边）"你们读懂了吗？"（生：读懂了）

2. 师："那好，下面请大家看看，这三根小棒能围成三角形吗？"（出示8厘米、4厘米、3厘米长的三根小棒）

3. 有的学生说"能"，理由是"8＋4＞3"。遭到其他一些学生的反对，理由是"尽管8＋4＞3和8＋3＞4，但4＋3＜8"。教师让学生拿出这样长度的三根小棒动手围一围，发现确实不能围成一个三角形。然后，教师指导学生对结论进行分析："如果给三角形的三条边分别标上A、B、C的编号，你能说说这三条边的关系吗？"（生：当 $A+B>C$，$A+C>B$，$B+C>A$ 时，才能围成三角形）教师补充结论为："三角形（任意）两条边长度的和大于第三条边。"

4. 师："那么'8厘米、4厘米、12厘米'这一组能围成三角形吗？为什么？"

5. 小结：看来，在预习时，同学们已经抓住了学习的重点，再通过课中共同的研习，我们对知识的理解更加深入透彻了，同时也纠正了自己的一些错误理解。

活性分析

做法 A 中，课堂的原生态是把学生看成处于对知识的未知状态，教学的进程是以知识生成方式来推进教学活动的开展。课堂的教学起点是放在学生已经学过的角的知识，教师通过对角知识的复习，添加一些元素变出了三角形，知识的引出遵照了知识的发生。然后教师让学生在操作活动中体验探究，在做三角形中感知三角形的特征，在围三角形中探究三角形三条边之间的关系。学生在这两个活动中经历了探索数学知识的全过程。

做法 B 中，教师课前已经让学生进行了知识的预习，课堂教学就变成了课前预习情况的汇报、纠正、补充和深化。课首，教师让学生说说在生活中哪些地方见过三角形，是首次检查学生的预习情况，学生的预习包括对书本的阅读，也包括已有的生活经验。而后的第二问"你认为三角形是什么样的"，再次展现了学生的"已知"，由直观的生活中的三角形深化到抽象的平面图形，学生通过多渠道的预习，对三角形的特点已有一定的认识，因此很快就解决了三角形的基本特征。在"做三角形"这一环节的处理上，教师充分尊重学生的课前预习，通过书本阅读，学生已经会用教材介绍的方法进行操作，此后"你还能用其他方法吗"这一问在学生预习后的课堂上发挥了教师的主导作用，也是为学生的课前预习作指导，那就是不仅要学会书本上的内容，还要想想有没有其他方法。最后，"你对三角形还有哪些认识"是第三次反馈学生的预习情况，学生都注意到了教材中的"三角形的两边之和大于第三边"这一结论，并自以为已经读懂，教师通过一些习题（如用8厘米、4厘米、3厘米的小棒能否围成一个三角形）来检查学生预习的理解度，在反馈中暴露学生的认识偏差，然后组织学生动手操作、相互质疑、师生对话等活动来统一学生的认识。

三、让学生带着"问题"走进课堂

活动现场3 数学·"平行四边形的认识"

[做法A]

师:"同学们想动手创造一个平行四边形吗?"

生:"想!"

师:"选取老师为你们准备的材料(四根小棒、钉子板及橡皮筋、方格纸、硬纸条),四人小组分工合作,动手做一做吧!"

学生活动,有用小棒搭出一个平行四边形的;有在钉字板上围一个平行四边形的;有在方格纸上画一个平行四边形的;有用尺画一个平行四边形的……

师:"同学们能用自己的双手创造出平行四边形,真了不起!你们能发现平行四边形有哪些特征吗?"

生1:"有四条边。"

生2:"有四个角。"

生3:"有两条边长一些,有两条边短一些。"

生4:"有两条边向同一个方向倾斜。"

学生就是不能讲到"点子"上,经过教师努力"引导",才得出平行四边形"两组对边分别平行且相等"的特征。

[做法B](提供:周秋英)

师:"同学们想动手创造一个平行四边形吗?"(准备多种材料供学生自由选择)

生:"想!"

师:"动手之前,谁来说说你准备怎样做这个平行四边形?"

生:"我准备用小棒搭一个平行四边形。"

师(追问):"搭平行四边形对选用的小棒有什么要求吗?"

生1:"两根长,两根短。"

生2:"两根长的要一样长,两根短的也要一样长。"

生3:"一组对边要向同一方向有些倾斜。"

生4:"我准备在钉子板上围一个平行四边形。"

师:"你能说说应该怎样围吗?"

生4:"相对的两条边,使用的钉子个数要一样多。"

生5："我准备在方格纸上画平行四边形。"

师："你觉得在方格纸上画平行四边形要注意些什么？"

生5："上下、左右两组的格数要相等。"

生6："先画上、下两条边，所画的格子数要一样多，再将上下连起来。"

生7："我准备用两根同样长的长纸条和两根同样长的短纸条钉一个平行四边形。"

教师先让学生说说怎样创造一个平行四边形，创造时要注意些什么，然后再让学生动手操作。

师："同学们能用自己的双手创造出平行四边形，真了不起！你能发现平行四边形有哪些特征吗？"

生1："平行四边形有四条边，对边一样长。"

生2："对边往同一方向倾斜。"

生3："两组对边长度相等。"

生4："两组对边分别平行。"

生5："对角相等。"

师："如何来验证你的发现呢？"

学生拿出工具，进行验证。经过思考、交流、操作，之后再回答"平行四边形有哪些特征"这个问题，对于学生已不再是难事。

活性分析

做法 A 中，教师的意图是让学生在"做"的过程中发现平行四边形的特征。学生的操作活动从表面上看热热闹闹，趣味盎然，但让学生说说发现平行四边形有什么特征时，却一头雾水，感觉"做"与"不做"一个样，教师教得很累，却没能实现教学的预设。学生把"做平行四边形"与"发现平行四边形的特征"看成两个互不相干的独立的部分。最后，能发现平行四边形基本特征的没有几个学生。

做法 B 中，这样的操作则显得精彩和珍贵，让学生带着问题去操作，去验证，学生的活动和思考就有了目标指向，就不会出现瞎忙活、白忙活的状况。如果说做法 A 的操作是让学生直接"启"动，那么做法 B 的操作则是让学生三"思"而后行。真正意义上的操作不是教师赋予学生的责任与义务，操作应是学生思维下的产物与行为，是学生必需的，不是教师强加给学生的。教学应多一些实质性的操作、交流，多一些有助于思考的探究、实验，多一些对知识的充分体验和感悟，这样的操作才能体现教学的价值。

四、让学生带着"任务"走进课堂

活动现场4 数学·"表面积的变化"

[做法A]

一、导入

如果我们把手看成手心与手背2个面，在鼓掌时，同学们有没有发现当我们的两手掌重合，只能看见什么？重合了几个面？（两个面）这种情况是不是也会发生在相同的两个正方体或长方体上呢？今天我们一起来研究表面积的变化。

二、拼拼算算，体验规律

活动一：两个棱长1厘米的正方体拼成长方体后表面积的变化情况。

学生可能的发现：①计算法：长方体的表面积比两个正方体表面积的和少2平方厘米；②观察法：拼成长方体后，表面积减少了原来两个面的面积。

活动二：用若干个相同的正方体拼成大长方体后表面积的变化情况。

学生可能发现的规律：体积不变，表面积变了，每拼一次减少2个面的面积，减少的正方形面的个数＝拼的次数×2＝（正方体的个数－1）×2。

活动三：用两个相同的长方体拼成大长方体，表面积的变化情况。

学生可能的发现：拼成长方体后，体积没有变化，表面积有变化，都比原来减少了2个面的面积，不同的拼法减少的面积不同。

提问：在这些拼成的长方体中哪个大长方体的表面积最大，哪个最小？你是怎么想的？

三、拼拼说说，运用规律

问题一：用6个体积是1立方厘米的正方体可以拼成不同的长方体，哪个长方体的表面积大？大多少？

学生可能的想法是：①从减少的面来看，拼掉的面越多、面积越大，表面积越小；②从形状上来看，越接近正方体，表面积也就越小；③从长宽高上来看，长宽高越接近，表面积也就越小。

问题二：同学们桌上有10盒火柴，把10盒火柴包装成一包，有哪些不同的方法？这几种包法中，哪种最节省包装纸？

[做法B]（提供：黄芳）

一、任务驱动：生活中来

1. 情境：一个营业员准备把10盒磁带包装成一包，怎样包装最节省包

装纸？（接头处不计）

2. 转化：求这个问题就是求什么？你能把它转化为数学问题吗？（出示：怎样拼，拼成的长方体表面积最小？）

3. 揭题：像这样比较复杂的数学问题，我们可以怎样解决呢？从简单的入手，找到表面积的变化规律后，相信大家一定能轻松地解决这个问题。

二、探索正方体拼接前后"表面积的变化"：每重合 1 次，就减少原来 2 个面的面积

（一）初步感知：用 2 个正方体拼成长方体。

（二）继续体验：用若干个正方体拼成长方体。

三、探索长方体拼接前后"表面积的变化"：减少的面积越大，表面积就越小

（一）初步感知：用 2 个长方体拼成长方体。

1. 拼拼：用 2 个磁带盒拼成 3 个不同的大长方体。

长方体的个数	2	2	2
重合了几次	1	1	1
拼成后减少了原来哪几个面的面积	上下	前后	左右

2. 比比：第一个大长方体减少的面积最大，表面积最小；第三个大长方体减少的面积最小，表面积最大。

（二）继续体验：用若干个长方体拼成长方体。

1. 拼拼：如果用 4 个磁带盒拼成大长方体，怎样拼表面积最小呢？

2. 比比：

（1）你是怎样拼的？这 3 种拼法都只重合了 1 种面，其中哪一种表面积最小，为什么？这 3 种拼法都重合了 2 种面，其中又是哪一种表面积最小，为什么？

（2）最后比较这两种拼法，哪一种表面积最小，为什么？（磁带盒上，4 个中面正好相当于 1 个大面。4 大面 4 中面就相当于 5 大面，重合 6 大面减少的面积最大，表面积最小）

3. 想想：

（1）还记得一开始的问题吗？把这 10 盒磁带包装成一包，要求怎样拼表面积最小，还需要像刚才那样——列举出所有拼法吗？有什么好办法？（直接比较只重合大面的和重合大中面的 2 种）

（2）如果只重合大面，谁来拼一拼？减少了几个大面，看谁的反应快？

你怎么会这么快就知道答案的?

（3）如果重合大面和中面，谁来拼一拼? 减少了几个大面、几个中面? 你是怎么想的?

（4）现在，是否还是只重合大面的拼法表面积最小呢? 为什么? （重合 10 个中面相当于 2 个大面和 2 个中面，再加上 16 个大面，就是 18 个大面和 2 个中面，所以第二种拼法减少的面积最大，表面积最小）也就是，最节省包装纸。其实，包装的学问还大着呢，有兴趣的同学课后可以继续探究。

四、全课总结: 回顾方法

回顾一下，我们是怎样解决这个问题的呢? 从简单的入手，通过拼拼、比比、算算等实践活动，找到表面积的变化规律后，再综合运用所学知识就能轻松地解决较为复杂的问题，这是我们数学学习中常用的思考方法。

活性分析

做法 A 中，学生只是跟着教师开展的活动摆一摆、看一看、指一指、想一想，探究一些数学问题，体会和发现正方体和长方体表面积的变化规律。这样的教学方式，教师做什么，学生也跟着做什么。学生一开始并不知道这样的研究有什么用途，一直要等到课的最后，才知道这种研究结果可以解决诸如"怎样包装最节省包装纸"等生活问题。也就是说，学生一开始的学习动机只有知识学习的目标"探究表面积的变化规律"，这种学习的知识目标有时并不出自学生内心需要，所以造成学生的学习动机可能并不十分强烈，更多的是为学习而学习。

做法 B 中，教师改变教材编排，把包装问题从课尾提前放到课头，在具体情境中引出一个与学生生活息息相关的现实问题"怎样包装最节省包装纸"。在当今倡导低碳生活和节约资源的年代，这一实际问题无疑具有强烈的现实意义，足以引起学生的关注与共鸣。于是，这样一个问题就被演变成了一个能够有效驱动学生进行研究的任务。此时，这一任务不仅仅只是一个简单的知识任务，还是具有一定政治色彩的认识任务，让学生心甘情愿地为此投入全部精力去完成任务。于是，下面的学习过程都会自觉地围绕这一中心任务而展开研究活动，知识获取了，问题解决了，任务也就完成了。这样的教学方式一开始就让学生知道了学习的价值和方向，所以学生的学习就能维持在一种非常健康的运行状态，一是动机明确——"明明白白地学习"，二是动力强劲——"高高兴兴地学习"。

──── 活学活用 ────

在采用"目标引路"教学策略，以追求最终"不把学生教死"之良好教学效果的过程中，教师可以从以下几方面进行考虑。

活法 1：让学生学习"有底子"

传统课堂教学的一个弊端是，教师往往认为学生处于对新授知识一无所知的空白状态，也不赞成和提倡学生对还没学习的知识在课前预习。造成这种以教师和教材为中心的局势的原因，一是教师"吃不准"学生到底已经知道了什么并已经达到了什么程度，教学设计时难以把握教学的起点；二是教师"吃不住"学生凭着自己的已知已会而出现的生动活泼的局面，常常出乎教师的预设和预料，让教师感到难以调控。于是，保守或无能的教师只能把学生当做"零知道"，追求教学的操作简单。

其实，很多学生在学习新知识前，就已经有了一些经验，这些经验有的是从父母那里听到的，有的是从媒体那里获得的。同时，因为教材放在学生身边，学生出于好奇，很有可能会预习教材。这些经验都让学生在学习新知前不再是一张"白纸"，对此，教师应有充分的认识，并积极创造条件，鼓励学生拥有学习的"底子"，使之为课堂教学所用，并能随之改变传统的课堂教学结构。例如上述"活动现场 1"的做法 B，让学生的生活经验成为理解知识的线索；又如上述"活动现场 2"的做法 B，让学生的预习经历成为建构教学的框架。

活法 2：让学生学习"有方子"

传统课堂教学的另一个弊端是，学生一开始学习时往往只知道"学什么"，而常常不知道"为什么而学"和"学了有什么用"，让学生感觉学习只是为获得知识而学习，没有目标的教学只能让学生跟着教师亦步亦趋，这样的学习情感往往是低级的，也很容易变得消极。

其实，我们的教学完全可以一开始就让学生知道"为什么而学"，例如上述"活动现场 3"的做法 B，让学生带着知识问题而学，学生心中就有了一个学习的方向和目标，下面的操作活动学生就能做到心中有数和有的放矢，根据学习目标设计解决问题的方案和寻找解决问题的方法。我们的教学还完全可以一开始让学生知道"学了有什么用"，例如上述"活动现场 4"的做法

B，把知识在生活中的应用作为导入新知的情境，对学生提出一个解决生活中实际问题的挑战性任务，下面的知识学习过程就变成了完成这一任务所需要的解决问题的方案，学生在完成任务的同时也就完成了知识学习。

活法3：让学生学习"有法子"

传统课堂教学的再一个弊端是，教师往往重视知识的传授，而常常忽视思想方法的积淀和学习方法的养成。其实，知识只是表面的东西，而留在学生心底的却是在知识教学中的一些深层的东西，那就是知识中所隐含的思想方法，这是学生一辈子都难以忘记的东西。例如在上述"活动现场4"的做法B中，就渗透了从简单到复杂、从特殊到一般、从直观到抽象等解决问题的思想方法，它们会随着教学过程的充分展开而慢慢地在学生的记忆深处留下印记。

另外，会长久影响学生行为的还有一些学习方法，当一些良好的学习方法成为学生的学习习惯后，学生会受益一辈子。例如在上述"活动现场2"的做法B中，预习就是一种很好的学习方法，教师在指导学生预习时的"一看，二想，三做，四问"的方法，又是对预习方法的一种更细致的学法指导，让学生在效法使用时能够有"法"可依。

04. 学生：学习的渠道狭窄、工具陈旧，缺乏现代化手段，该怎么办？——

教师：让学生利用"高科技"手段学习

在教学中，教师对现代化教学的认识，以前是用投影仪看看图像和用录音机听听声音，现在大多是用课件进行多媒体教学，既有图像又有声音，用屏幕呈现图片、文字代替传统教学的挂图、板书，用视频、动画放映一段情节的发展过程或演示一块知识的发展过程。

其实，现代化的手段不仅仅只是这些，电脑软件、网络博客、照相摄像甚至手机短信都可以为知识教学添砖加瓦和增光添彩，给学生学习以新的感觉，给学生学习以新的感知，给学生学习以新的感想，给学生学习以新的感悟。

一、利用摄像，帮助学生理解知识

活动现场1 数学·"观察物体"

[做法A]

师："观察自己准备的长方体学具，你同时最多能够看到几个面？"

生1："我看到了三个面，正面、右面和上面。"

生2："我也看到了三个面，是左面、正面和上面。"

师（进一步发问）："有没有看到比三个面更多的？"

生3："我看到了四个面。"（他举起了一个英语卡片的盒子，厚度不足2厘米）

其他学生连忙从书包里也找出这种盒子认真地看了起来。

生4："啊？真的是四个面呀？"

生5："对对对，看到四个面了。"

学生纷纷响应，教师无言以对。

[做法B]

师："观察自己准备的长方体学具，你能同时看到相对的两个面吗？"

生："不能。"

师："既然相对的面不能同时看到，那能同时看到哪些面呢？"

许多学生回答能够看到两个面、三个面，但有个别学生说能够同时看到四个面，此时，教师首先采用摄像头现场摄影的方式让所有的学生眼见为实。

然后，教师再采用推理的方式解释，一是让学生思考"什么样的面能够同时看到"，明白同时看到的两个面、三个面都是相邻的面；二是让学生思考"为什么不可以同时看到四个面"，明白第四个面一定是与其中相对的一个面，因为不可能同时看到相对的面，所以也就不可能同时看到第四个面了。

活性分析

做法 A 中，之所以会出现学生在观察长方体时看到四个面的现象，是因为学生在观察物体时都是同时用双眼观察的，当摆放在眼前的长方体的宽度比两眼宽度窄时，两眼的"余光"很容易扩大观察的范围，左眼看到物体的左侧面、右眼看到物体的右侧面是很正常的（我们只要随手拿一本书放在眼前，书脊对着自己，就可以看到这种现象）。"最多只能同时看到三个面"这样一个定论性的判断，实际上是有一个前提条件的，那就是要"从一点观察"。

做法 B 中，人在观察一个特别小的长方体时，人的两只眼睛完全可以看做是"从两个角度在观察"。我们都有这样的经验，如果交换着闭合左右眼看眼前的某一个事物（比如一根电线杆），它好像就在动来动去。因此，出现这种情况时，教师可以采用以下解决策略：一是让学生闭起一只眼，只从一个角度观察；二是用一个摄像机代替学生的两只眼睛，让学生观察拍摄成的照片。当学生看清楚后，教师再用说理的方法解释其中的道理，帮助学生想清楚。

二、利用软件，帮助学生掌握知识

活动现场2 **数学·"面积的认识"**

[做法 A]

师："同学们，我们的校园正在改造之中，老师想请你当一名小小的美化师，为我们校园的草坪添上亮丽的一笔（出示两块大小差异较大的草坪形状）。哪位美化师愿为它们涂上美丽的颜色？"

"要求给草坪涂满色，并比一比谁第一个涂完，其余同学分成两组为他们加油。"（学生对比赛结果产生异议）

师："为什么不公平？看来比赛结果和草坪面的大小有关，今天我们就一起来学习这方面的知识。"

[做法 B]

我打开计算机中的"几何画板"软件，学生很快"拖"出了圆形、正方形、长方形等学过的平面图形。然后让学生挑选喜欢的颜色给图形涂色。每涂一个，我就让学生说说这个图形的面积指的是什么。

最后，我随手画了一个三角形和一个角："这两个图形谁大呢？"学生争论了起来："三角形大。""无法比较，因为角不是围起来的图形，它占的面的大小是无法确定的。""我也是这样想的，因为我们没法给像角这样不封闭的图形涂色。"

其他学生进行验证说法，先给三角形涂上颜色，然后给角涂色时，颜料一下子都跑到外面，充满了整个屏幕，从而完全理解了"只有'围成'的平面图形才有面积"的这一道理。

活性分析

做法 A 中，教材上的知识，都是以静态形式呈现的。只有把这些静态的知识动态化，即由静而动，呈现知识形成的全过程，才能打破学生平静的思维状态，激发其思维转向活跃。教师组织学生把两个大小不同的平面图形涂色的比赛活动，在活跃的气氛中，既让学生感受了图形面积的大小问题，又让学生发现了不公平的问题，对学生理解面积的意义提供了感性认识。

做法 B 中，教师利用了计算机上的"几何画板"软件让学生操作，它的好处在于：一是学生可以画出任意形状的平面图形，这样素材就比较多；二是学生画图和涂色比较方便，可以节省教学时间；三是学生在为角涂色时会形象地看到颜色溢出现象，从而在比较中更好地理解面积概念。

三、利用短信，帮助学生记忆知识

活动现场 3 **语文·识字**

[做法 A]

那节识字课上，我用一种形象化的、人性化的、趣味化的煽情语言分解和解释汉字的构造。在学习"驰"字时，我说给学生们听："看，马字旁站在前面，让自己的个子长得高一些、瘦一些。它告诉身后的'也'字：'我高一些，你小一些，我在前面给你挡住风，挡住雨，你就放心地靠在我身后吧。'"

以后的课上，学生们饶有兴趣地编着自己的故事。

"欢"字中的"欠"要跟"又"同住一间小房子。"又"说："我的捺太长，要变成点，这样'欠'才能舒服些。"

"奔"字中上面的"大"把自己的撇和捺使劲撑开，像雨伞一样保护着下面。

"怎"字中上面的"乍"说："我的竖不能太长，不然就伤着下面的'心'了。"

学生们的联想多丰富呀！在他们的眼里，一个个枯燥的汉字有了生命，变得鲜活起来。

[做法 B]

一位教师在区分一些形近字时，把自己手机中收到的一则关于形近字的笑话打在了屏幕上，让学生边读边笑，边比较边比画。

"比"对"北"说：夫妻一场，何必闹离婚呢！

"巾"对"币"说：儿啊，你戴上博士帽，也就身价百倍了。

"尺"对"尽"说：姐姐，结果出来了，你怀的是双胞胎。

"臣"对"巨"说：和你一样的面积，我却有三室两厅。

"晶"对"品"说：你家难道没装修？

"茜"对"晒"说：出太阳了，咋不戴顶草帽？

"办"对"为"说：平衡才是硬道理！

"兵"对"丘"说：看看战争有多残酷，两条腿都炸没了！

"日"对"曰"说：该减肥了。

"土"对"丑"说：别以为披肩发就好看，其实骨子里还是老土。

"由"对"甲"说：这样练一指禅挺累吧？

"叉"对"又"说：什么时候整的容啊？脸上那颗痣呢？

"末"对"未"说：削尖了脑袋也没见你爬上去。

活性分析

做法 A 中，汉字不同于其他文字的地方就是由一定的偏旁、部首组成一定的结构形态，表音、表形、表意，意味无穷。教师可以把这种文本资源挖掘出来，增加识字教学的趣味性。

苏霍姆林斯基说："只有当识字对儿童来说变成一种鲜明的、激动人心的生活情景，里面充满了活生生的形象、声音、旋律的时候，读与教学的过程才能比较轻松。"教师正是活用了教材中生活化的空间和学生已有的生活经验，把枯燥的生字教学和生活体验紧密地结合起来，用"活"的生活去丰富"死"的教材，让学生用自己的生活经验去认读、识记生字。

做法 B 中，汉字是表意文字（尤其是一些会意字、象形字），细细品味，它本身就妙趣横生，充满韵味。教师在让学生辨认一些形近字时，及时"拿来"了流行于手机短信中的幽默说法，让学生在笑声中记住了形近字的一些细微区别。的确，当两个形近字放在一起时，可以给人足够的想象空间，在"会意"和"象形"中赋予它们相互"依恋"的色彩，使两个字更加横生妙趣。

四、利用博客，帮助学生交流知识

活动现场4 语文·作文

[做法A]（提供：黄吉鸿）

一次，我参加某地小学统考阅卷，批改"习作部分"。其中一个班的卷子让我很意外，整个班学生的习作几乎是一个模子：开头、结尾是雷同的"优美笔法"，都是"往事像一条河"、"往事像一片星空"、"往事像一串珍珠"之类的句子。选择的材料、重点段落的结构安排，全班五十多人，近乎一张面孔。

还有一次，一所学校进行二年级看图说话比赛，邀我做评委。在十几个参赛的孩子中，有几个孩子的开头如出一辙，一上来都是一大段关于天气情况的描写："春天来了，大地吐绿，百花齐放，小燕子从南方赶回来了……"乍听之，我们几个评委笑了笑，觉得这孩子"好玩"，跟主题无关的话倒扯了一大通。不料，接下去又听到了几个诸如此类的"共同声音"，我们几个评委面面相觑。我们断定，这几个孩子定然来自同一个班，他们的语文老师定然给他们做了"竞赛套路"的精心指导。赛后一问，果然不出所料。那几个"同一流派"的孩子出自同一个"掌门"之手。哑然。

[做法B]（提供：屠铁梅）

2006年3月，我在"新思考网"上注册了一个名为"暗香浮动"的教育博客，发表自己的教学心得体会以及学生的优秀小练笔。我意外地发现学生很喜欢评论我写的日志和同学的练笔，于是我干脆把个人博客变成供全班学生进行习作交流的平台。

我开设了"假期作文"专栏，要求学生把自己的习作上传到我的邮箱，由我选择部分习作发表在习作博客上。这一活动引起了学生们的极大兴趣，他们非常认真地对待自己的练笔。我让原始的习作展露于博客上，让所有的博友去评判。为了鼓励学生平时多写习作，我在博客上发了一个公告：发表20篇习作的同学将在博客里拥有自己的作文专辑，有专辑的同学平时作文成绩评为优秀。一个学期下来，先后有 20 个学生拥有了个人专辑。在此基础上，我又告诉学生：上传文章篇数居前十名的同学将获得"周写作高手"的称号，老师发喜报告知家长。

对于学生上传的同类文章，我写一篇同题"下水文"给学生以示范。"下水文"一发表，不仅能启发学生自觉地修改文章，还会立即引来广泛的评论。"下水文"某些方面可能还不如学生的作文，这也给学生一种鼓励，一种自信，让学生感觉到自己只要努力是完全可以超过老师的，自己也有能力修改老师的作文。

活性分析

做法 A 中，每个学生的语言之树定然不会相同，但是，为什么在我们个别教师眼里，一定要将这些树按照自己的意愿、审美标准加以"修剪"呢？语言的魅力在于个性、天性和"野性"，尤其是尚处于语言生长早期的小学生。语文教学要尽可能地、最大限度地让他们的语言生命处于"野生"状态之下，让他们的语言之树疯狂地、自由自在、无拘无束地生长。

如果说教师要对学生的语言之树有所"干预"的话，那就是不断地肥沃他们语言之树的土壤，提供足够的阳光、雨水和合宜的温度……这一切就是：多多地给予学生欣赏、赞美、鼓励、肯定、期待，给予学生以足够的信心和勇气，让他们的语言之树长得更高、更快、更自在。

做法 B 中，博客以其技术零壁垒、交流超时空、互动无限制的优点成为个人通过网络发表言论、交流思想、展示才华的重要平台。"作文分享"理论认为，学生的每一篇作文都是作品，作品的读者越多，它的价值就越大。学生的文章一旦在博客上发布，所有能上网的读者都可以浏览，还可以针对这篇文章进行评论和回复。众多读者的浏览、评价，能让学生体会到写作的价值，满足了他们写作时所渴求的认同感和成功感，从中找到了作文的快乐。当意识到自己的小练笔不仅仅是作业，还是与读者沟通的媒介，自己不是在为老师写作，而是在为许多读者写作时，他们就会焕发出巨大的写作热情。

博客的开放性，使学生习作的阅读对象扩展到他们的同学、同龄人，以及其他素不相识的网民。在博客里，学生的地位是平等的，言论是自由的，他们既是作者也是读者，既可评判他人也接受他人的评判。教师只是读者中的一员，不再是最后的裁定者。

博客上发表的多为学生的小练笔，写的是学生自己独特的经验和感受。这类习作淡化文体，降低了语言和构思方面的要求，这种无"威胁"的作文环境有利于减轻学生的写作压力。

—— 活学活用 ——

在采用"先进科技"教学策略，以追求最终"不把学生教死"之良好教学效果的过程中，教师可以从以下几方面进行考虑。

活法1：用好高科技的"交互"功能

现代化技术创造出了一些功能强大、交互快捷的软件，许多教师或许只认为，这些软件只为办公之用，其实，它们也可以为教学之用。用这些软件辅助教学，不仅可以提高教师教学效率，缩短教学时间，还能调动学生学习积极性，变"要我学"为"我要学"。

例如"活动现场2"的做法B中，学生用"几何画板"软件可以画出各种各样的平面图形，如果想改，随时可改，想怎么改就怎么改，方便易行，交互性强，其涂色功能还能帮助学生攻克知识难点。

又如在统计知识教学中，很多教师在统计图表制作的教学上占据了大部分时间，学生对数据进行分析和预测等能力的培养却成了附属品，出现了避重就轻的现象。对此，我们就可以利用计算机的 Excel 和 Word 软件来缓解这一现象。利用软件的"插入→图片→图表"功能，输入相应的数据，计算机在几秒钟内就能自动生成不同形式的、色彩缤纷的统计图。

活法2：用好高科技的"交流"功能

在现在的教学中，教师常用计算机软件 PowerPoint 来制作课件为教学服务，其实学生也可以用计算机软件 PowerPoint 来制作课件为自己的学习服务。例如小学统计知识教学，学生就可以把社会调查的数据用 PowerPoint 软件来制成统计图表，在课堂上展示和交流自己的研究成果。

此外，计算机的网络技术也能发挥交流功能。网络技术以其资源的丰富性、广泛性、交流性等优势能够给教学注入新的活力。

例如"活动现场4"中的网络作文是对传统写作形式缺陷的补白，可以使学生的写作交流方式走向多样和快捷，扩大学生作文的写作领域。传统写作是以文字的写作为主，而在多媒体网络写作中，符号、图像、声音乃至三维动画也成了写作的表达方式。多媒体交流形式的多样性容易激起学生的写作兴趣，调动学生写作的主动性和积极性，使写作成为自觉行为，并且使写作交互更加流畅通达。

计算机文字处理系统的出现，极大地提高了人类写作的效率，这不仅表现在文字录入的速度快，更重要的在于功能的扩展使电子写作具有极大的灵活性，可以随意修改、复制、增补、删除等，而其对写作成果的保持和更新功能更是赋予了写作教学以更多的创新契机。

在网络世界，学生所面对的教育者将不仅仅是教师，学生的生活场景也不再是三点一线。由教师协调组织和学生自主选择的以网络为载体的各种各样的、更为生动丰富的学习资源介入学生生活，学生的生活、学习场景得到了无限扩大。因此，利用丰富而多元的网络资源，增加作文素材的信息量，最大化扩展学生的体验空间和思维空间往往成为网络写作教学的第一追求。

活法3：用好高科技的"交接"功能

先进的现代化技术很多情况下可以代替传统的教学手段，其更高级的应用是可以弥补和实现传统手段所无法实现的技术功能，最常见的做法是利用计算机的 Flash 软件把教材静态的知识内容变成动态的演示过程，这种技术有时是教师手动演示所无法做到的，这也就是高科技的独特优势和不可替代性。

同理，教师也可以让学生使用计算机软件来代替平常的学具操作。例如一位教师在教"长方体的认识"时，让学生观察长方体教具后，利用计算机的"几何画板"软件画出一个长方体立体图，然后就直接在计算机上通过数一数、比一比、移一移的操作，研究长方体的顶点、棱长、面的特点，研究棱长与棱长及面与面之间的关系。这样可以省掉学生准备学具的麻烦，同时让探究操作更方便、更清楚，也更精确。

除了上述物与物之间可以进行交接之外，先进的高科技手段还可以实现物与人之间的交接功能。

例如可以让高科技代替教师的嘴巴。一位英语教师在教学新单词时，听见学生嘀咕："唉！又要学单词了。"此时，教师看到计算机桌面上的"金山词霸"软件图标，她灵机一动："同学们，我们来轻松学单词，好吗?"点击"金山词霸"图标，输入"d-r-i-n-k"，屏幕上马上显示出图解、音标及中文注解。点击"喇叭"图标，计算机里发出清晰的读音，学生跟读，很快掌握了"drink"这个单词。接下来，教师让学生自己上来边输单词边学习。原来学生习以为常的师生对话变成了现在学生难得一见的人机对话，学生学得非常有劲。

又如可以让高科技代替学生的眼睛。"活动现场1"中，对"最多只能看到三个面"这一结论，学生理解出现了困难，尽管教师可以采用让学生"睁一只眼闭一只眼"的办法观察物体，但学生会想为什么非得闭上一只眼睛看呢？这一种做法可能有学生想不明白，而采用做法 B 用摄像机摄像的做法却可以轻松地解决这一老大难问题。

05. 学生：面对繁多和复杂的知识常常抓不住主线，该怎么办？——

教师：让学生在咬文嚼字中"咬"住知识

在知识名称与知识概念的表达中，总有一些关键性的字词存在其中。这些关键字词，可以说是知识概念的"眼睛"，通过这一"眼睛"，我们可以窥见知识的"全豹"。在教学中，高明的教师会抓住其中的关键字词画龙点睛，通过连字、圈字、换字、减字等方法，牵一线而动全身，让学生看到知识发生与发展的过程，看到知识变动与变化的进程，轻松地理出重点、理清联系，最终由点及面、由此及彼、由表及里地全面和深刻地掌握知识。

一、连字，让学生望文生"意"

活动现场 1 数学·"分数的初步认识"

[做法 A]

师（出示学生在公园过生日的场景图）："他们在干什么？你能想到什么数学问题？"

生1："把4个苹果平均分给2个小朋友，每人分得几个？"

生2："把2瓶矿泉水平均分给2个小朋友，每人分得几瓶？"

师："一块蛋糕也能平均分给2个小朋友吗？怎么分？"（同桌合作分蛋糕）

师："把材料袋里面的一个等腰直角三角形、一个正方形、一根线进行平均分开。"

学生汇报平均分开的过程，多媒体演示。

师："小朋友们刚才分了这么多东西，仔细看看，这些分法有什么共同的地方？你们各得到了原来东西的多少？"

教师板书"$\frac{1}{2}$"，揭示课题"认识分数"。

[做法 B]

1. 出示场景图：小明和小丽相约来到郊外进行野餐活动，让我们一起来看看，他们准备的食品怎么分比较公平？（教师在黑板上方板书一个"分"

字)

2. 引导学生把场景图中的各种食品平均分开。

（1）把4个苹果平均分成2份，每份是多少个？（让学生用手势表示，教师板书"2"）

（2）把2瓶矿泉水平均分成2份，每份是多少瓶？（学生继续用手势表示，教师板书"1"）

（3）把一个蛋糕平均分成2份，每份是多少？（学生用手势表示发生了困难，由此教师告诉学生这里需要认识一种新的数，然后在黑板上"分"字后面补上"数"字，引出"分数"，揭示课题"认识分数"）

活性分析

做法 A 中，教师从学生熟悉的分东西出发，从分得的结果是整数过渡到分得的结果不能用整数表示，此时学生的原有认知水平已经无法适应现有的问题，于是产生认知冲突，也就产生了学习的需要，教师顺势揭示"分数"这个新名词。之后，学生的注意放在了教师对具体的分数"$\frac{1}{2}$"意义的解释上。

做法 B 中，教师在让学生分东西的时候，就预先在黑板上写上了"分"字，对应着当时学生的活动内容。之后，当学生产生认知冲突需要引进新的数时，教师顺手在板书的"分"字后面添上"数"字合成"分数"这个名字，虽然教师没有解释"分数"的字面意思，但学生从教师的动作中已经隐约地明白了"分数"是"分"出来的"数"。这样的望文生"意"尽管不十分严密，但对学生形象化地了解分数的起因和理解分数的意义无疑会有很大的帮助。另外，教师让学生用手势表示分的结果，也是一种很好的做法，可以把学生用手势表示"一半"时产生困难的认知矛盾形象地反映出来，从而让教师和同学看到自己思想深处的困惑。

二、圈字，让学生望文生"疑"

活动现场2 数学·"认识百分数"

[做法A]

1. （播放姚明精彩投球视频）师："姚明是大家非常喜欢的篮球运动员，老师要告诉大家的是，老师也喜欢打篮球，想不想了解一下老师打篮球的水平怎么样？"（屏幕出示投球比赛记录）

	老师	姚明
投进	17	13

师："老师进了 17 个，而姚明只进了 13 个，所以我认为我比姚明厉害，由此我也想到美国职业篮球联赛去打球，大家给老师参谋一下行不行?"（不行）"为什么?"（还要看投球总数）"好，我们就来看一下投球总数。"（大屏幕出示）

	老师	姚明
投进	17	13
投球总数	50	20

教师引导学生写出表示命中率的分数并通分，从而比较出命中率的高低。

2. 大屏幕显示袁隆平所做的水稻发芽率的实验记录。学生讨论如何比较出发芽率的高低，并进行汇总，把表示发芽率的分数通分写成分母是 100 的分数。

师："大家发现了吗? 刚才我们写的分数都写成了分母是 100 的形式，这种分数还有一种更简洁的方式，就是我们今天要学习的百分数。"（板书课题"认识百分数"）

[做法 B]（提供：胡玉兰）

师（出示名言"成功 = 99% 的汗水 + 1% 的灵感"）："其中的数你们认识吗?"

生："是百分数。"

师（板书"百分数"，然后在"分数"下画线）："老师有一个疑问，百分数是分数吗? 你们想知道吗?"

生："想!"

师："下面我们就先来弄清楚这个问题。"（教师在板书的"百分数"前补上"认识"两字，然后教学百分数的意义，过程略）

师（揭示百分数意义后）："现在你们知道百分数是分数了吗?"

生："百分数是分数。"

师："在写法上，百分数是怎样的分数?"

生："百分数是分母是 100 的分数。"

师（在板书的"百分数"的"百"字下打圈）："是啊，百分数在形式上是一种特殊的分数。"

师（出示"一堆煤 $\frac{97}{100}$ 吨，运走了它的 $\frac{75}{100}$"）："其中哪个分数可以用百分数来表示？哪个不能？为什么？"

师："百分数只表示两个数之间的关系，所以百分数在意义上也是一种特殊的分数。"（教师在"百分数"后补写"百分率"，然后在"率"字下打圈，提醒学生注意百分数实质上是分率）

师（再次在"百分数"的"分数"下画线）："学到这里，老师还有一个疑问，既然百分数也是分数，那么人们为什么还要引进百分数呢？"

师（出示" $\frac{7}{32}$ 和 $\frac{9}{35}$ ， $\frac{21}{55}$ 和40% ，34%和43%"）："哪一组中的两个数，你能一眼看出它们的大小？"（回答略）

师："由此可见，百分数便于比较，所以它在生活中有着广泛应用。"

活性分析

做法A中，教师抓住生活中的热点，也是学生感兴趣的热点，来导入知识的教学。先是设计了学生熟知的姚明与老师打篮球的"对照"，活跃了教学气氛，也逐步引出了两个对象比较的方法。然后又在学生了解的袁隆平的水稻实验上做文章，为百分数的引出和百分数的意义提供了支撑材料。整个教学设计的顺序是先揭示百分数的意义，然后揭示百分数的读法和写法。

做法B中，整个教学设计是先揭示百分数的读法和写法，然后揭示百分数的意义，能够采用如此"倒叙"手法的理由是很多学生在生活中已经知道百分数的名称和读写，于是教师利用学生的已知来导入知识。在设计教学线索时，教师采用了咬文嚼字的方式，先在"百分数"的"分数"下画线，引出"百分数是分数吗"这一问题，由此引出教学百分数的意义；然后在"百"和"率"字下打圈，提示百分数的特征；最后又在"百分数"的"分数"下画线，引出"为什么要学百分数"这一问题，由此说明教学百分数的作用。这样一线串珠式的教学，使整节课环节之间的串联浑然一体，学生对知识的解读也更为深刻。

三、换字，让学生望文生"异"

活动现场3 教学·"反比例的意义"

[做法A]

师（复习正比例的意义后）："同学们，这节课我们要学习……"

一名学生抢答："反比例。"

师："你怎么知道?"

生："上节课学了正比例,我想有'正'就有'反',接下来就会学反比例。看了数学书,果然如此。哈哈!"

师："你厉害!"

生："我还知道反比例的意义呢!"

师："哦? 也是你猜出来的?"

生："我预习的。"

"插曲"终于收场。教师像没事似的仍旧按预定方案坚定不移地开始教学。

[做法 B](提供:钱蔚)

师:"上节课我们学了正比例,你认为接下来我们会学什么内容?"

生:"反比例。"

师:"你是怎么想的?"

生:"我想有'正比例'就有'反比例'。"

师:"说得对。那你认为反比例'反'在哪里?"

生1:"'商一定'反过来是'积一定',所以我认为成反比例的两个量的乘积是一定的。"

生2:"我认为成反比例的两个相关联的量也在变化,但变化规律是相反的。"

生3(结合以上两种说法):"一种量扩大或缩小,另一种量反而缩小或扩大,但这两种量的乘积是一定的。"

教师依据学生的回答适时引出反比例的意义,然后让学生寻找成反比例的两个量的例子,在实例中让学生理解反比例的意义。

活性分析

做法 A 中,与这名学生一样,有许多学生已经或多或少地预习过教材,虽然动机不尽相同。教师应该清楚,教材并非教师才有,学生同样与教材朝夕相处,每天都要翻着教材复习与练习。在此过程中,谁能阻止学生"不越雷池一步"? 其实,教师完全可以引导全体学生开展预习活动,从而共同提高学生的学习基础,然后根据学生的这种现有起点顺势展开教学。在此意义上,教材在学生手中就变成了一种"学材"。

做法 B 中,教师估计学生可能事先预习教材,于是利用学生识字的心理规律，在导入时直接让学生自己由"正比例"的"正"字自然联想到它的反义词"反"，从而引出对"反比例"意义的猜想。然后教师抓住"反"字进行咬文嚼字，让学生说说反比例与正比例相比"反"在哪里，从而逐步清晰认识和完整认识反比例的意义。最后教师让学生寻找成反比例关系的生活实例，在练习中不断巩固反比例知识，不断感受反比例存在的实际价值。

四、减字，让学生望文生"议"

活动现场 4 **数学·"梯形的认识"**

[做法 A]

1. 复习。用一张长方形纸和一张长方形透明胶片交叠在一起，形成一个平行四边形；提问：重叠的部分是什么图形？怎样的图形叫做平行四边形？

2. 操作。把长方形透明胶片盖在三角形纸上，观察你所叠出来的四边形的四条边有什么特点？

发现：有一组对边互相平行，有一组对边互相不平行。

教师把长方形透明胶片略微转一下方向，请学生再看看现在是否还具有这样的特点。

3. 概括。请大家把你们刚才叠出来的图形先用笔描一下，然后再把它剪下来，最后在小组里讨论一下，看看你们剪的图形都有什么共同的特点。

发现：这个四边形的一组对边是原来长方形的一组对边，所以它们是互相平行的；另一组对边是原来三角形的两条边，所以它们是不平行的。

4. 揭题。你们知道这样的图形叫什么吗？（揭示课题：梯形的认识）

[做法 B]

师："在日常生产生活中，经常会遇到像登高用的梯子、堤坝的横截面、沟渠的横截面等类的图形。这些图形你们认识吗？"（板书课题：梯形的认识）

1. 让学生观察图形并思考：

（1）这三个图形各是几边形？

（2）每个图形分别有几组对边？

（3）每个图形的两组对边又有什么特征？

生："一组对边平行，一组对边不平行。"

（4）这三个图形的两组对边的共同特征是什么？

生1："一组对边平行，一组对边不平行。"

生2："只有一组对边平行。"

师："刚才这两个同学的说法哪个简练？"

生3："第二个同学说得比较简练。"

师："这三个图形和我们前面学过的平行四边形的边有何不同？"

生："平行四边形是两组对边平行，梯形是只有一组对边平行。"

2. 把平行四边形变成梯形。

师出示用铁丝围成的平行四边形，让学生上台动手操作将其改成梯形。

师："为什么要这样改变？"

生："因为梯形只有一组对边平行。"

3. 师生概括：只有一组对边平行的四边形叫梯形。

引导学生进一步讨论：如果将"只"字去掉，画出的四边形是否一定是梯形？

活性分析

做法 A 中，教师通过两张长方形纸交叠在一起来复习平行四边形的特征，这样交叠的教学方法让学生感到耳目一新，能很好地集中学生的有意注意。然后，教师又通过长方形纸与三角形纸的交叠引出梯形，便于学生观察出梯形的特征，最终概括出梯形的概念。

做法 B 中，教师的教学工夫放在了两个地方：一是放在了从"一个"梯形到"一类"梯形的提升上，让学生能概括得更全面；二是放在了学生语言的表述上，对"一组对边平行，一组对边不平行"与"只有一组对边平行"的两种说法进行比较，让学生认识到后一种说法比较简练。之后的梯形与平行四边形的比较以及把平行四边形变成梯形的操作活动，教师注意引导学生采用后一种比较简练的说法来说"法"，于是梯形概念的得出就变得水到渠成。最后，教师采用了减字艺术，组织学生讨论能否去掉梯形概念中的"只"字，让学生在再次聚焦"只"字中体会"只"字的简练和关键，从而留下深刻的印象。

—— **活学活用** ——

在采用"咬文嚼字"教学策略，以追求最终"不把学生教死"之良好教学效果的过程中，教师可以从以下几方面进行考虑。

活法 1：咬在知识的"关节处"

知识的发生有着一定的形成过程，教师应该把知识的这种生成过程展现在学生面前，这样由点及面的教学才会有足够的"长度"。其中，概念的命名和课题的组成上也可以看到知识生成的影子。此时，教师就不应该把它只看成一个纯粹和孤立的名词，一股脑儿简单化地告知学生，而可以像上述"活动现场1"的做法B中对"分数"字词的处理那样，通过概念名称的逐步分解或课题组成的分步揭示，赋予名词中每个字词相对应的知识意义，从而让学生看到知识发展与变化的一个个"关节"。

又如"倒数"一课，我们也可以对字面进行分解和分析，来帮助学生学习知识，"倒数"的"倒"字形象地说明了求分数倒数时分子与分母上下颠倒的操作方法，"数"则除了分数还可以让学生联想到小数、整数等数求倒数的例子。再如"数的整除"一课，如果对这一课题咬文嚼字，学生会想"数的整除"中的"数"指的是哪些数、"整除"是怎样的除法等问题。由此可见，教师把一个概念或一个课题分解后完成解释的过程，也就完成了一节课内容的教学过程。

活法2：咬在知识的"关系处"

知识的发展有着一定的网络体系，由一个知识点可以派生和枝生出许多相关的知识点，教师应该把知识的这种姻缘关系展现在学生面前，这样由此及彼的教学才会有足够的"宽度"。其中，概念的命名和课题的组成上也可以看到知识拓展的痕迹。

例如上述"活动现场2"的做法B中，教师截取了"百分数"课题中的"分数"一词，首先让学生思考第一个问题"百分数是分数吗"，自然地引出百分数意义的教学；当学生知道百分数也是分数后，教师又提出第二个问题"为什么还要学百分数"，又自然地引出了百分数优越性的教学。整节课就因为教师的咬文嚼字，学生在研究百分数与分数的关系中完成了对百分数的整体认识。

又如上述"活动现场3"的做法B中，教师利用事物的正反关系，让学生由"正比例"名字自然地联想到"反比例"名字及其存在的可能性，并在迁移中完成对反比例意义的建构，最后在实际生活中找到了反比例的应用实例，这样的学习是一种创造性学习。

活法3：咬在知识的"关键处"

知识的表述有着一定的概括标准，追求用最简洁、最凝练的语言把概念表达清楚，其中的一些关键性字词往往有着"一字值千金"的作用，教师应该把知识的这种核心要点展现在学生面前，这样由表及里的教学才会有足够的"深度"。

　　例如上述"活动现场4"的做法B中，"只"是梯形概念表述中的关键字。首先，教师在概括梯形定义前，组织学生对两种说法进行评判，让学生认识到"只"字的精练度比较高，当然也明白了"只"字的含义。然后，教师又反过来去掉概念中的"只"字，再让学生讨论"只"字的重要性和必要性，从而加深和加强学生对这一关键字的理解和记忆。

06. 学生：在满目的文字和数字、图形和图片中犯晕，该怎么办？——

教师：让学生在"看不见"中更有看头

在平常的教学中，我们常常要求学生对视觉材料进行细致、全面地观察，从而提高观察能力。然而，教师应该知道，看得多、看得久未必看得清、看得深，有时候视觉对象让学生有一个部分"看不见"或有一段时间"看不见"，反而能让学生"看得见"，让学生看得更多、看得更清、看得更全、看得更深。

其中的道理是，有时视觉对象的全部呈现，内容的繁多，会让学生"看不见"关键的信息；有时视觉对象的长久呈现，内容的明了，会让学生"看不见"存在的问题。由此可见，有时让学生"看不见"，反而能够擦亮学生的眼睛。

一、看不见边线，让知识更有趣味性

活动现场 1 数学·"角的度量"

[做法 A]

教学量角器量角后，教师提供了一些角让学生练习量角。教师巡视，发现学生发生以下几种类型的错误：（1）量角时，量角器中心点和角的顶点没有重合；（2）量角器零刻度线与角的边没对齐；（3）看错了刻度，应看里圈却看外圈刻度了，或者应看外圈却看里圈刻度了。

教师请学生说一说量角的方法和步骤，让刚才巡视中发现的有量角错误的学生先汇报，同时教师组织学生说说怎样才能避免以上错误，正确迅速地量出角的度数。

[做法 B]

教学量角器量角后，教师设计了这样的练习"猜一猜，下面的角可能是多少度？"

（1）角的一条边指向右边的20°、30°、50°，另一边不给出。学生猜测20°、30°、50°后，教师出示另一边正对着零刻度线，学生成功通过。

（2）角的一条边指着60°，另一条边暂不给。学生猜测60°后，教师出示另一条边（指向反方向），学生连呼上当。

（3）角的一条边指着70°，另一条边暂不给。学生冷静猜测：这个角可能是70°，也可能是110°。教师出示：角的另一条边不是指向零刻度线。学生再呼上当。

（4）角的一条边指着80°，另一边暂不给。学生抢着回答：如果另一条边对着零刻度，这个角是80°或100°。如果另一边没对着零刻度，则无法知道角的度数。教师出示另一边，正对着30°刻度线。学生先是直呼"无法测量"，继而纷纷举手，"应该是50°"。

活性分析

做法 A 中，教师在教学量角后，像往常一样出示一些角让学生进行练习，然后在巡视中发现学生在量角时还存在的问题，拿出来让学生一起来分析错误原因，从中让学生巩固和强化量角的正确方法。

做法 B 中，教师在教学量角后，设计的练习并没有直接提供给学生一个个完整的角，而是只出现角的一条边在量角器上所指的角度，让学生猜测角的度数。学生因为"看不见"角的另一边，所以只能凭借经验想当然地猜测，然而猜想与结果经常不符，让学生在"上当"中"上心"，密切注意量角时应该注意的问题。

这种让学生"看不见"边线的问题设计技巧，蕴涵着丰富的思考内涵，且直本本课所学新知：如何准确地用量角器测量角的度数。学生在一波三折的思维波澜中不断经历着认知结构的失衡与平衡，"角的度量"的认知难点被成功突破，学生的思维能力也在解决问题的过程中不断提升。

二、看不见配图，让知识更有挑战性

活动现场2 数学·"三位数除以一位数"

[做法 A]

教材情境图呈现的是一个养鸡场里的 3 层鸡笼，然后提出了第一个问题"一共有 600 只鸡，平均每层有多少只？"结果，在教学"600÷3"的计算方法时效果不错。一方面，由于情境的现实性与趣味性，学生颇感兴趣，探索的积极性很高；另一方面，由于有了情境图的直观支撑，学生在探索算法时表现得游刃有余，交流算理时，也能根据数的组成或情境图的现实含义，表达思考过程。

接着，在教学教材提出的第二个问题"这些鸡两天共产鸡蛋 986 个，平均每天产多少"时，教师按照教材编排继续沿用原有的现实情境，结合情境图引导学生探索算法，继而展开交流，明确算理。

[做法 B]（提供：张荣萍）

另一位教师在教学教材提出的第二个问题"这些鸡两天共产鸡蛋 986 个，平均每天产多少"时，没有沿袭教材的思路，也没有沿用教材第一个问题的情境图，而是将情境撇开，通过直接改变被除数的方式展开教学。

（1）将第一个问题中的"600÷3"改为"639÷3"，引导学生探索算法、展开交流。

（2）进一步将"639÷3"改为"986÷3"，同样引导学生探索算法、展开交流。

活性分析

做法 A 中，同一节课内，教学情境的变化不宜过多、过快。两个例题都沿用了同一个情境图，这不容易分散学生的注意，有利于使学生的视点集中在教学的主要对象上。因为情境有其对知识学习有利的一面，但在某种程度上，它的存在也会在无形中干扰学生对数学问题本身的关注与把握，情境中数学之外的无关因素往往会吸引他们的注意，这一现象在第一学段的数学学习中尤为明显。

做法 B 中，可以看到，计算教学不是非创设现实情境不可的。如今许多人一提计算教学，首先想到的就是能不能创设一个现实的、有趣的现实情境，至于这样的现实情境是否真正有助于学生理解算理、建构算法，进而感受计算与现实生活的密切联系，似乎并不重要。而此处教材沿用情境，无非是想保留情境的连续性与完整性。

我们应该认识到，现实情境是一种情境，挑战性的问题情境同样是一种情境。教师的处理看似脱离了现实场景，但数据的细微变化反而更加激发了学生迫切参与"新的问题解决"的内在需要。此中，恰恰因为"看不见"情境，学生的思维视角更为集中地聚焦于问题中的数学信息本身，数据的每一次变换，都会迎来学生的"摩拳擦掌"。

三、看不见符号，让知识更有深刻性

活动现场3 数学·"方程的意义"

[做法 A]

教学"方程的意义"时，在初步建立方程的概念后，教师出示一组题：

下面哪些式子是方程？让学生说说判断的依据是什么。

$6+x=14$　　　　$36-7=29$　　　　$60+23>70$　　　　$8+x$

$50÷2=25$　　　　$x+4<14$　　　　$y-28=35$　　　　$5y=40$

提问："所有等式都是方程吗？"（不是）"所有方程都是等式吗？"（是）介绍等式和方程之间的关系。

[做法 B]

教学"方程的意义"时，在初步建立方程的概念后，教师出示一组题：(1) $8+$■$=15$；(2) $x÷$■$=12$；(3) $12×y$■23.5；(4) $F-$■。

师："这四道题里的■盖住了一个数，或一个字母，或一个符号，你能猜猜哪道题是方程吗？"

生1："我能猜出第（2）题一定是方程，第（4）题一定不是方程。"

师："哦，你为什么这么肯定呢？"

生1："因为第（2）题里■盖住的不管是'数'还是'字母'，它都含有了未知数，而且它还是一个等式，所以肯定是方程；第（4）题不是等式，所以一定不是方程。"

生2："我觉得第（1）题不是方程。因为■盖住的肯定是7，只有8+7的和等于15。"

生3："我觉得生2说的不完全对。■盖住的可能是7，也可能是未知数，不过这个未知数的值是7。所以，我觉得第（1）题可能是方程，也可能不是方程。"

生4："我同意生3的想法。我也觉得第（3）题可能是方程，也可能不是方程。如果■盖住的是'＝'，就是方程；如果盖住的是'＜'、'＞'或'＋'、'－'等运算符号，就不是方程。"

师："大家说得很好。通过猜想和论证，我们发现要成为方程需要满足怎样的条件？"

生5："要是方程，必须同时满足'含有未知数'和'等式'两个条件。"

活性分析

做法 A 中，本课是在学生学习了用字母表示数的基础上进行的，教学中没有将等式、方程的概念强加给学生，而是充分尊重学生原有知识水平，在情境和过程中让学生感悟。这一个练习题的作用除了检测学生对方程意义的掌握情况，其实还让学生在练习中明白了方程与等式的联系和区别。

做法 B 中，如果出现诸如"$5x=18$"等"看得见"的问题，让学生加以判断，这样呈现的信息不仅单一，而且缺乏挑战和趣味，更容易使学生形成"套概念答问题"的习惯，于把握概念的实质和智力活动无益。

但如果出示像"$x \div$ ■ $= 32$"等"看不见"的问题，让学生进行猜想、论证，那效果就不一样了。首先学生的兴趣会大增，其次学生会在头脑中积极搜索相关概念的所有信息并进行梳理、整合，然后做出合理判断，在相互交流中，对自己的思维方法及成果进行调整和完善。在此过程中，智力活动显得充盈而丰富。

四、看不见过程，让知识更有神秘性

活动现场4 *数学·"用字母表示数"*

[做法 A]

师："你们学过一首青蛙绕口令吗?"（1 只青蛙 1 张嘴，2 只青蛙 2 张嘴，3 只青蛙 3 张嘴……）"你能用一句话表示这首儿歌吗?"（n 只青蛙 n 张嘴）

师："猜猜老师今年有多大? 要想知道老师的年龄，先请一个同学说说你今年几岁?""如果我比他大 22 岁，那我今年多大? 你怎么知道的。"

反馈后继续问，并板书："当他 1 岁的时候，老师多大? 当他 2 岁的时候，老师多大? 当他 12 岁的时候，老师多大? 当他 a 岁的时候，老师多大?"

师："在这里，'a' 表示什么? 'a + 22' 表示的是谁的年龄? 还体现出老师和他年龄间的什么关系?"

师："看来这字母表示数真好，一举两得，使问题既简单又明确。"

[做法 B]

在教学用字母表示数量关系时，教师将"一个数是另一个数的 2 倍这种关系"巧妙融入到一个学生看不见变化过程的"神奇的魔盒"中。教师先结合画面绘声绘色地描述："这是一个神奇的魔盒，当你在这一头输入一个数，穿过魔盒后，另一头就会变成另外一个数。"学生跃跃欲试，一个学生报出"35"并输入计算机后，伴随着神秘的声音，魔盒另一端出现了"70"。再报"20"，魔盒另一端又出现"40"……

当"进"和"出"的数对应排列后，不用启发，学生已很快发现其中的秘密："把进去的数乘 2，就能得到出来的数。"教师追问："如果再输入一些数，进去和出来的数还会符合这样的关系吗?""符合!""能用字母表示这种关系吗?"当学生尝试用字母式表示这一关系后，"神奇的魔盒"打开，学生们情不自禁地喊道："哇! 果真是 'a × 2'!"

活性分析

做法 A 中，从具体的数到抽象的用字母表示数，从具体的数量到抽象的用字母式表示数量，第一次让学生理解颇有难度，可以说是学生认识上的一次飞跃。教师借用了歌谣中的一部分以及教师和学生的年龄问题做例子，在一番周折中引出了用字母表示数以及用字母式表示数量关系。在繁多的活动中，在复杂的关系中，学生理解得有点费劲，因为在这些探究材料中，知识的典型特征并不十分明显。

做法 B 中，教师借用了魔盒作为教学的道具，让学生感到新鲜。魔盒的魔力就在于它有着一些让学生"看不见"的秘密，使它有了一种神秘的力量，也让知识教学有了一种神秘的力量，吸引着学生的兴趣，吸引着学生的探究，以求弄明白其中的奥妙。最后，学生通过原始数据与变化后数据的比较，不难发现其中的规律。因为原始数据是一些变化的数，所以学生就会主动寻找一种方式来表示这样一些变化的数，此时引出用字母表示数可谓顺应了学生的这种需求，学生也不难理解字母式既能够表示结果的数，也可以表示数量之间的关系，知识的难点轻松攻破。

—— 活学活用 ——

在采用"留点空白"教学策略，以追求最终"不把学生教死"之良好教学效果的过程中，教师可以从以下几方面进行考虑。

活法 1：视觉对象的"先有后无"

在教学中，有一些视觉对象的作用是辅助教学的，例如情境的作用一为激趣，二为孕知，让学生在学习抽象知识时能在具体情境中找到知识的"痕迹"，在形象与动态中分解知识和理解知识。例如"活动现场 2"中，教材的情境图可以让学生看到 600 只鸡被平均分成 3 层的生活图景，也就让学生看到了"600÷3"的数学图像，在直观支撑下，学生比较容易理解算理并探索出算法。

然而，现实情境对于数学学习而言比较"重要"，但不"必须"。它只是一种手段，而不是一种目的。正因为是手段，就有一个适切性的问题，也就是说，什么情况下适合营造一种现实性的问题情境，而什么情况下则不需要。现实情境的创设，应以其能否很好地唤起学生的学习兴趣，尤其是能否有效地帮助学生理解算理算法、建构数学模型为准绳。倘若仅仅满足了前一条件，不用也无妨。一来，激发学习兴趣的方式多种多样，比之更佳者有之；二来，小学生的年龄特征决定了他们往往会更容易为情境中的非数学信息所吸引，并给予更多关注，由此带来数学思考的游离等，反而得不偿失。

例如"活动现场2"中，对"非整百数除以一位数"的第二个问题是第一个问题"整百数除以一位数"的发展与延续，教师在借助情境图让学生感知"整百数除以一位数"的算理与算法之后，此情境图对接下来的"非整百数除以一位数"的算理与算法教学就显得无足轻重和无关紧要，于是做法B放弃情境图而直接改变被除数的做法可谓是明智之举。这种视觉对象"先有后无"的"看不见"的教学艺术，更能让学生把视线盯在知识的本质上。

活法2：视觉对象的"先无后有"

在教学中，许多教师往往为了省事和省时，把一些视觉对象和盘托出，让学生整体观察与研究。其实，有时候视觉对象的分批、分层出示，能够产生整体出示所没有的"0.5+0.5>1"的教学功能。

例如"活动现场1"的做法B中，教师并没有像做法A那样直接让学生测量一个个"完美无缺"的角，而是先出示了量角的一部分，让学生"看不见"所量角的另一条边线，于是给了学生想象的空间。在结果的变化莫测中学生屡屡猜测不中，使教学富有喜剧性，学生在快乐的气氛中认识得更加全面，也注意了量角的要领。

又如"活动现场4"的做法B中，教师把变化的"机关"让学生"看不见"，使教学富有神秘性，诱发学生探知知识"密码"的强烈学习心向，自觉进行数据分析，自觉寻求概括方法，最终在答案的揭示中，学生有着一种"果真这样"的兴奋感。这种视觉对象"先无后有"的"看不见"的教学艺术，更能让学生"摸得着"知识的奥秘。

活法3：视觉对象的"时有时无"

在教学中，让学生"看不见"视觉对象的教学艺术，除了上述让学生看不见其中的部分和看不见其中的过程这些处理技术之外，有时候在保留的时间上让视觉对象"时有时无"，也能够产生视觉对象长久保留所没有的动态的教学功能。

例如有一位教师在教学"统计"时，让学生统计小组内各种形状的学具，结果学生并没有想到采用画"√"或画"正"等方法来统计，而是仍然采用数一数的"笨办法"。因为这些学具总在学生身边，学生有足够的时间来数一数。

另一位教师教学时，吸取前面这位教师的教训，把原来统计各种各样学具的情境改成了"动物园饲养员给猴子喂各种形状饼干"的动画情境，并采用视觉对象"先有后无，再有再无"的动态呈现方式，赋予每次呈现不同的教学功能。第一次课件呈现，使学生产生统计的需要；第二次课件呈现，学生因来不及计数而产生记录的需要，并在各种记录方法的比较中引出画"√"或画"正"的统计方法；第三次课件呈现，让学生运用画"√"或画"正"的方法再次统计。

这一视觉对象"有"与"无"轮回的做法，首先让学生在看得见的"有"中产生统计的需要，接着在看不见的"无"时静下心来思考统计的方法，然后让学生再在看得见的"有"中经历知识的冲突，接着再在看不见的"无"时静下心来调整统计的方法，最后让学生再在看得见的"有"中试验和练习新的统计方法。

07. 学生：自己的作文难有自己的声音和自己的身影，该怎么办？——

教师：让学生写出"自己"的文章

作文教学中存在这样的怪异状：许多学生平时一气呵成写就的日记或书信，用文学的标准看就是一篇不错的散文，但他们在完成教师布置的作文时，情形却变了，不是苦思冥想就是左右为难，曾经轻松的笔顿时重得难以下手。这时候，写作差不多成了一种煎熬。

是什么使学生在作文时缺失了自己的情感、价值和能力？是现行的程式化作文训练造成学生一提起笔来，要么言不由衷地说套话，要么情非得已地用套路。这就是教学中教师把学生作文推向"假、大、空"的怪异状。

一、莫让作文成"造"文，让学生不说假话

活动现场 1

[做法 A]

已经大学毕业两年的李小姐回忆，仅在小学时代，她写过同样题目的作文就不下百篇，《难忘的一件事》每学期都要写三五篇，每次她总是绞尽脑汁，在自己平淡的学校、家庭两点一线的生活中寻找"难忘"的蛛丝马迹。

小学五年级时，她在去少年宫学习画画的时候走失，一个好心的叔叔把她送回了家。于是这一难得的素材几十次进入李小姐的作文中。"难忘的一件事""难忘的一个人""最尊敬的一个人"……为了怕老师发现写的都一样，她不得不对这个事实进行改编，好心的叔叔变成了正在执行任务的便衣民警："他刚刚抓了一个小偷，非常疲惫，身上还有搏斗的痕迹……"而"我"也在这件事后特意送了一面锦旗给这位"便衣警察"。总之越编越离奇，到最后自己都不记得事情的真实状态了，但是得到的作文分数却越来越高。

[做法 B]

小美生于 1987 年，在她的记忆里，从小学三年级开始，每个周末的早上，她醒来之后都是趴在床上写周记，而晚上则偷偷拿出自己的日记本。越长大，早上的周记越成为应付的作文，自己的那个带锁的小日记本才是真实

的记述所在。不知不觉，小美写满了十几个日记本，从最初的生活琐事到后来对历史、文学、社会问题的看法，这些日记本她都留到现在，写日记的习惯也保留至今。

活性分析

做法 A 中，我们可以发现许多教师对学生作文的评判标准是：情节越感人，分数越高。"小时候的作文，似乎都是'创作'的。"在不久前某网站的一项调查中，98%的受访者表示曾经或多或少地在作文中进行过虚构。"老师似乎不关心那些过于戏剧化的情节是否真的发生过，在作文的评分标准中，思想进步总是得分最高。"调查在作文中说谎的原因时，46%的人认为，假话能得高分。于是，李小姐最终练就了谎话连"篇"的水平。

做法 B 中，曾经有人进行专门调查，发现选择把真话写在日记和博客的分别占32%和31%，而这些博客和日记几乎都是不公开的。许多人还会在网络社区、贴吧、论坛里发表自己的观点，而这些观点，其本人不可能在工作中表达出来。这可以说是一代人的困惑，小时候，不知道作文该不该写真话，长大了，不知道做人该不该说真话。于是，小美就有了里外两本日记本，一本专给老师看，一本只给自己看。

二、莫让作文成"引"文，让学生不说大话

活动现场 2

[做法 A]

许多学生认为作文想得到高分就要多引用一些经典语句，例如：

"同学们看着清洁的教室，擦着额头上的汗水笑了……"（用于描写大扫除之后）

"小朋友，谢谢你，你叫什么名字？""我叫红领巾。"（用于扶老人过马路等好人好事之后）

"在夕阳的余晖下，我们依依不舍地离开了××，我会永远记得这快乐而有意义的一天！"

"望着缓缓升起的红旗，我的崇敬之情油然而生……"

"今天是教师节，老师是蜡烛，燃烧自己，照亮别人。他们是'灵魂的工程师'，古诗云：春蚕到死丝方尽……"

当问到学生是从哪里找到这些句子时，他们显得很茫然："怎么学到这些句子的，也记不清了，有些是老师教的，有些是课本上学到的，有的是作文

书里抄的。"当问到他们为什么要这样引用时，他们则显得很一致："我们已经习惯了"。

[做法 B]

2007 年 3 月 25 日，在上海市第 20 届中学生作文竞赛决赛的试卷上，刊有这样的签名承诺："我作文的主要情节、细节语言没有刻意模仿行为，确实出于自己的真情实感。"据了解，这也是本次竞赛的一个特点——鼓励选手"发出自己的声音，写出自己的文章"。

"现在的学生，驾驭文字的能力十分出色，可惜无病呻吟居多。"针对目前学生作文中存在的问题，组委会特意向广大家长发出倡议，呼吁他们参与作文打假："'不准看电视、不准上网、不准看杂书'，许多家长会制订这样那样的规矩将学生绑定在课桌前。学生与社会、与生活脱节了，难怪写出来的都是三段论式的'新八股文'。希望家长能为孩子创造体验生活、了解生活的机会。"

值得一提的是，今年的作文竞赛首次设立了 6 个学生评委。据了解，这些学生评委都是往届作文竞赛的佼佼者。从学生的视角看学生的作文，可以说，这是本次竞赛的一个亮点。

活性分析

做法 A 中，学生写作文忙于找"例子"、苦于编"故事"、长于背"名言"，已经成为许多学生善于引用或抄袭别人成果的作文特长。然而当学生走进高考的考场乃至以后踏上社会的职场后，许多学生的作文也就栽在了"搬"、"编"、"套"上。尽管文章被"打扮"得花枝招展，但没有突破俗套的重围，最终无法换来好评，就是因为许多作者没有真正理解"做真人才会说真话，说真话才能打动人"的道理。

做法 B 中，我们可以知道好的文章既要"言"胜一筹，更要"情"高一招。这"情"是与家人、亲人、身边人之情，是自己胸中之情，是真真切切感受到的，并有过触动、激动或感动的情——是真情！一位特级教师在指导高三学生备考时指出"写高考作文时，文中流露的真情最易打动人"。他说，得分高的作文，应构思严谨、语言生动、思想深刻、创意新颖和表达真情，其中文章中流露出的真情最容易打动阅卷老师。此中真情，必定是属于自己的，是他人无法代替的。

三、莫让作文成"命"文，让学生不说空话

活动现场 3

[做法 A]

一位初中语文老师讲了她遇到的事情。一次初一学生写作文，题目是《最喜欢的老师》。一名学生的爸爸辅导作文时问自己的孩子最喜欢的老师是谁。孩子说最喜欢数学老师，因为老师上课风趣又生动。爸爸又问，那语文老师怎么样？孩子说，也不错，但最喜欢的是数学老师。爸爸就对孩子说，我看你还是写语文老师吧，肯定能得高分。没想到，孩子最后写的还是数学老师，更没想到，作文竟然得了 100 分。经过统计，写老师作文中大多数学生写的是当班主任的语文老师。

其实孩子有了真情实感，才能写出好文章，而有时候成人会将自己的感情偏向或功利想法灌输给孩子，这样的"命题"作文对孩子的写作是极具杀伤力的。

[做法 B]

"新概念作文比赛"是由《萌芽》文学杂志社同北京大学、复旦大学、南京大学等七所高校发起的。它的形式是大胆新颖的，那就是不命题，不限定题材。比赛中涌现的佳作，其思维之开阔、想象之丰富、语言之生动，令评委赞叹不已。

为什么能出现那么多令大作家都称赞不已的优秀之作呢？这不能不归功于新概念作文大赛宽松、自由、舒畅的征文形式。

活性分析

做法 A 中，"最喜欢的老师"要写语文老师、国庆主题作文一定要抒发爱国热情、报纸上怎么说要学会"跟热点"……对此，江苏省写作协会会长、南京师范大学凌焕新教授认为，现在好多学生属于"奉命写作"，没有感情或违背感情也去写作。"没有感情就无病呻吟，虚假情意也可能得高分，这些都是极具危害的。我们的评价要有一种导向，就是让孩子讲真话，写实情，只有情和意和谐统一才能算好文章。"幸运的是，孩子的爸爸糊涂，但学生的老师却没糊涂，结果很有戏剧性。

做法 B 中，"新概念作文大赛"向传统的作文教学发起了挑战。自主作文冲破传统作文的篱栅，遵循写作规律，让学生真实、真切、真诚、真挚地关注、感受、体察生活，无拘无束、尽情地展现自己的个性、才华。自主作文

教学的一个重要内容便是能让学生自主命题、自主构思。一篇好文章，必须拥有自己的思想感情，这是第一位的，写作技巧则是第二位的，所以教师在作文内容、体裁、技巧等方面不宜过多干涉学生的自主过程。自主作文中"自主"的另一个重要含义是不仅能够自己"做主"（自己做主人，能够自己来写文章），而且能够自己"做主"（自己拿主意，写属于自己的文章），就是要有个性、能有创新，不人云亦云，不随波逐流。这就是"新概念作文"成功的关键——"心概念作文"。

四、莫让作文成"公"文，让学生不说套话

活动现场4

[做法 A]

北京某中学一名高一女生到图书大厦买"写人"的作文辅导书。不料，这里的作文辅导书汗牛充栋，从小学一直到高中种类繁多，令人眼花缭乱，什么"文体作文"、"限字作文"、"获奖作文"、"考试作文"，形形色色，不一而足，一时间让她手足无措。

随手抽出一本《高中作文整合集训多文体作文》，它的目录是这样安排的：将所有收录文章划分成"半命题作文"和"限范围自命题作文"两个部分，每部分下进一步细分成特定的题目或主题。比如半命题作文"我的××"，参考题目是《我的母亲》，这本书首先教你"作文的思路"，其次给你提供"能使你的作文充满智慧和力量的经典佳句"，比如成吉思汗曾经说："世界上只有一个最好的女人，便是我的母亲。"此外，还有但丁、斯宾塞、波普等人的话。接着还提供"能使你的作文熠熠生辉的绝妙语段"，用诗化的语言赞美母爱是如何的伟大，其后建议"好的开头是成功的一半"，要么"开头点题，直截了当"，要么"歌词开头，激发情感"。最后这本书还谆谆教导你"编筐窝篓，贵在收口"，或"比喻联想，感染读者"，或"卒章呵成，总结全文"。

北京25中学生王开这样回忆："每写一篇作文，必翻看多本参考书，看的时间比写的时间都长，里面的好词好句只恨用不过来，作文也被老师夸赞有长进。""有一次，我在手头上没有参考书的情况下要完成一篇作文，这下可把我难住了。一时竟不知如何写是好，构思一次次被否定，嫌它没有书上的巧，琢磨半天也写不出一段。"

［做法 B］

第四届全国中小学生创新作文大赛结束，在数万篇作文中，有一篇作文给专家们留下了深刻印象。这就是龙泉驿区第三小学六年级一班的武迪同学写的《我是谁》。文中没有华丽的辞藻，没有名家名句，更不见娴熟的写作技巧，满篇都是童真的口语。这篇在同学们眼中视为"很烂"的作文，却被专家视为佳作。

作文被分为"上课"、"周末"、"假期"、"某年某月某一天"四个部分，平实地讲述了一个小学六年级学生"被学习完全占据的生活"。

每天，"伴着可恶的上课铃……开始补昨天尚未'搞定'的作业，老师在讲台上'唾沫横飞'，我在底下'搞地下工作'。""好不容易熬到周末，可我们迷人而又慈祥的老班大声宣布周末作业不多，但周六、周日全天竞赛……结果我周五熬到十一点多，才写完所谓'不多不多'的作业。"

到了假期，依然不得休息。"宝贝，爸爸听说，你的长笛可以考 7 级了，快去练考级曲'……'迪迪，妈妈又给你找了个奥数老师，特别棒……'"

全文无数次提到"其实您不懂我的心"这样的字样，让人对这位小学生背负的压力感触深刻。

活性分析

做法 A 中，这类作文辅导书充满了学生习作可以套用的"公文"，从布局谋篇到论点论据公示得清清楚楚，如同数学中的公式那样让学生能够方便作文。学生可以在比较短的时间里丰富词汇和句法，得到某些结构上的启发。但是这种"方便"潜藏着极大的危险：老师催交作文，不少学生先是抄来应急，逐渐感觉离开辅导书便有如失去神助。这是很可怕的结局。

我国近代著名翻译家、思想家严复当年曾经批评八股文是"滋游手"、"坏心术"、"锢思想"。如今，部分作文辅导书如果过分强调了"结构"，以"美文"拼合游戏取悦学生，那么就要小心走到"八股文"的老路上去贻误学生。语文教学论专家、首都师范大学中文系副教授王云峰接受记者采访时说："眼下又有人借着'学法指导'的名义复兴八股文，鼓吹文章要写成四段式，如果篇幅控制到 46 句则堪称佳作！"这为"公文"式作文敲响了警钟。

做法 B 中，四川省小学语文研究会秘书长、四川省教科所研究员吴能修这样评价武迪的作文："很真实，一点都不虚伪和做作。""我看了上千篇作文，可就这篇才像个小学六年级的学生写的。"可想而知，目前中小学生作文"八股文"成风，模式化、假大空，使得这样一篇儿童化、口语式的作文显得非常可贵。

"作文被设定为各种模式，学生们就会比着框框画鸭蛋。"四川省中学语文研究会理事、四川师范大学附属实验学校副校长李文华介绍说："老师甚至为孩子们总结出了一种万能的模式，随便写什么文章都可以套用。"无独有偶，扬州一所四星级中学的一位语文老师向记者展示了他自创的"万能作文模板"，这套模板在语文考试中能给学生作文带来不错的分数。但他自嘲"这绝对是垃圾"，并要求学生"高考结束后一定把我教的这套彻底忘掉"。由此可见，这种"公文"式作文已经演化到了何等极致。

—— 活学活用 ——

在采用"自主作文"教学策略，以追求最终"不把学生教死"之良好教学效果的过程中，教师可以从以下几方面进行考虑。

活法1：让学生"写自己"

媒体工作者薛婷还记得，在上小学的时候，有一次老师要求写一篇命题作文《我尊敬的×××》，而且必须写她自己。这样的一种"做"文教学，也让全班50多个人的作文如出一辙。"记得一个男同学曾经在作文里写自己最崇拜的人是一个篮球明星，不但得了零分，还被叫来家长通报批评。"薛婷说，从那以后她崇拜的对象只限于雷锋、张海迪这样的人。可笑得很，自己的作文中却没有"自己"，不能写自己想写的人和事情。

于是，符合教师心意的、"能用"的作文素材范围就显得比较狭隘，让学生大伤脑筋。正如学生们编的顺口溜："作文难，难作文，下笔无言难成文；头儿空，肚儿空，空来空去空对空。"是啊，学生经常在写作时处于断粮甚至缺粮的境地，也只能造假，编写出一些"好人好事"了。

经常听到语文教师感叹：学生的随笔或"练笔"比课堂作文中看。例如"活动现场1"的做法B中的那个学生带锁的日记肯定要比交给老师的作文真实。知道了这一点，那教师为什么不借此发展学生的写作兴趣呢？有教师认为，不能由着学生的喜好，爱怎么写就怎么写。这种说法恰恰违背了写作的规律，几乎每一位成功的作家恰恰都是"爱怎么写就怎么写"的。虽然学生不是作家，可是为什么写作规律不适用于学写作的学生呢？如果写作能处在一种自由状态下，学生将能发挥出他的潜能，而且他们一般不大会说假话。例如，于丹曾经透露："我从小时候开始写日记，我一直以为是文字带着我思考的。我的日记都是一些不太靠谱的日记，基本上不记什么具体的事，都是一些心情啊，感受啊，每天活在自己的想象跟思维里。"这样自由状态下的开放作文，才能够真正解放"自己"。

另外，让学生处于自由的开放状态下写作，也是一种因材施教，每个学生多多少少都能发挥自己的写作优势，都能比较容易地找到自己最想写的内容。教师每次布置作文只需要划出一个大致的范围，让学生自由地开放地写，有时还可以向学生征集作文题目。例如，有一次的作文是"如果让你自由地选择，你最想生活在什么时代的什么地方？"全班写出了三十多种"选择"。有个学生自由作文题目是《我的1919》，向往1919年那样的觉醒时代，读之令人感奋。自由状态下的作文有以下几个方面开放：

（1）习作时间开放——动情

学生作文的时间不再是统一的，课堂上不再有固定的40分钟的作文时间，而是让学生在一段时间内完成一篇习作，时间上的弹性可以给学生更宽松的习作环境，让他们有时间去观察、去捕捉、去发现、去思索生活，在他们的动情处流淌出最真实的记录。

教师可以让学生准备一本"生活小镜头"记录本，留心观察周围的事物，记录每天有意义的事件，组织学生每两三天交流一次，以提高学生搜集有价值资料的能力。

（2）习作内容开放——表情

作文的内容由学生自己确定，写他们自己想写的内容，表达他们想表达的思想感情。作文的形式不拘一格，记叙、诗歌、读书心得、研究报告、实践体会都可。让学生根据自己的需要，按照自己的爱好，畅所欲言，"我口说我心，我手写我口"。

张中行谈到作文时曾说："有些人认为写作是件了不起的事，一提写文章就不由自主地板面孔端架子，这就容易假。其实写作就是用笔说话，初学者不妨解放思想，先练'胡说八道'，怎么想就怎么写。时间长了，有了经验，就知道哪些话该说，哪些话不该说，哪些话该多说，哪些话宜少说。"

（3）习作赏评开放——尽情

习作写出来了只满足学生表达上的需要，他们还需要倾诉、交流、评判。因此，教师可以每周开设一节作文赏评修改课，让学生尽情朗读自己的习作，各抒己见。

活法 2：让学生"自己写"

薛婷又谈到，她曾写过的一篇描述姐姐爱学习的作文，老师硬是在"台灯下，她不大的眼睛认真地看着课本"上打了一个大大的红叉，并修改为"炯炯有神的大眼睛"。从那以后，薛婷明白了，只要是眼睛必定是大的，只要是妈妈的头发必定是花白的，只要是爸爸的眼角必定是有深深的皱纹的，只要是爸爸骂"我"必定是眼角红红的……她的遭遇说明自己的作文有时还不能"自己"来写，缺乏作文的自主权。

传统的作文教学模式主要有两种：一种是"命题—指导—作文"，另一种是"理论—命题—作文"。这两种作文教学模式都注重命题及作文技巧的指导，这里且称之为"命题作文教学。"

"命题作文教学"要求学生在几十分钟内完成一篇在内容、体裁、技巧、字数等方面有严格限制的作文。这种教学模式无异于给学生套上枷锁，学生手脚放不开，作文时"搜肠刮肚"、"苦思冥想"，可谓痛苦不堪，敷衍成文，最终是叙事千篇一律、写人千人一面、抒情无病呻吟、议论空洞无物。天长日久，学生的兴趣与日俱减，学生的灵气也消磨殆尽。传统作文过于重视命题、套路及文章的思想性，造成学生虚假情感的泛滥，其个性才情均受到抑制。

其实，写作的本质是把心里想说的话写出来就行了，自己写自己想写的东西。美国的作文教学不一定都比中国好，但他们的做法的确有许多值得我们借鉴的地方。一位叫德优的教师给她的学生出了这样一道作文题：找出自己希望从事的职业，访问一位真正从事那个行业的人，针对未来的职业写一份报告，并在班上演讲。这道作文题引导学生关注现实生活，关注未来，实实在在地引导学生思索自己的人生理想，做、思、写有机结合，综合培养了学生调查、抉择、思维、交际、书面表达和口头表达等多种能力。

如今，我国的《语文课程标准》要求学生在习作中"写自己想说的话"、"注意表现自己觉得新奇有趣的，或印象最深、最受感动的内容"，鼓励"自由表达和有创意的表达"。"自由表达"是儿童的天性，"作文中儿童自由表达，既发展作文能力，又有助于成为一个在个性、才智和身心等方面发展健康的人。"因此，"引导学生从心灵体验出发，真实地再现生活的底蕴，真诚地拥抱生活，在课堂上让他们尽情地表现自己的喜怒哀乐，毫不留情地丢弃八股语言的面具，有声有色、淋漓尽致地用富有真情的个性化语言展现自己的个性特征"在作文教学中显得十分重要，只有给予学生表现自我的自由，给心灵以放飞，让学生写"自己想说的话"，才有可能实现学生全面素质的提高。

马克思曾经辛辣地指出："指定的表现方式只不过意味着'强颜欢笑'而已。"同样，季羡林先生在谈及作文问题时曾谈到其语文教师的作文教学：老师往黑板一写"随便写来"，没有规定的题目、要求，让学生自由轻松写自己喜欢的东西。

在具体作文教学策略上，教师可以考虑采用"先放开，再规范"。在学生一开始不害怕写作的时候，教师帮助他们拓宽写作的天地，尽可能地让他们有自由写作的空间，激活他们的才思。当他们有了一定经验后，教师再适当地有针对性地提高他们的基本技能。

最后，自由作文的讲评很重要。传统作文教学教师喜欢精批细改，但可能会让学生丧失"自己"，因为作文是创造性活动，教师的批改实际上是把自己的意志添加到学生作文中，然而有些并不是学生需要的。所以，"自由作文"应突出让学生"自悟"，教师评改宜粗不宜细。对此，我们提倡"一句话评语"，每篇作文批改只需写一句话。记得看过一位老师的评语，"中心比较明确，结构比较完整，语言比较优美"，什么都说了，其实什么也没说。其实，评语写多了，学生反而难有印象（当然值得细评的，一定要详尽一些）。"一句话评语"要写得画龙点睛或一针见血，留给学生很深的印象。

08. 学生：学习中常会发生精神、知识、思维漫游状态，该怎么办？——

教师：让学生把知识的"根"留住

所有的教学活动都有一定的教学目标，这是教学活动的方向和归宿，也是教学活动的根本。判断教学活动有没有"脱轨"的标准，就是看它的活动导向是否自始至终围绕教学目标，看它的活动形式与活动内容是否能为教学目标的顺利实现服务。

教授之根在学习，学习之根在学科，学科之根在知识，知识之根在思想，思想之根在灵魂。如果我们盯着教学目标越紧，那么教学活动的根子就越正；如果我们看着教学目标越远，那么教学活动的根基就越深，这样教学的效果就越好，教学的成果就越大，也就不会出现"乱"课、"差"课和"偏"课。

一、情境不能太"情境"

活动现场 1 教学·"轴对称图形"

[做法 A]

教学"轴对称图形"时，课一开始我在黑板上板书了一个大大的"美"字，然后问学生：看到"美"，你想到了什么？学生纷纷回答美丽的景色、美好的事物等，于是我很自然地让学生欣赏美丽的剪纸作品。学生边欣赏图片边发出惊叹声，当时的课堂气氛真是美妙得很。

我趁热打铁，问："你现在想不想亲自动手剪一幅美丽的剪纸作品并展示出来？"学生激动无比，马上进入角色，认认真真地拿起了彩纸……

1 分钟过去了，2 分钟过去了，3 分钟过去了，我有点着急，因为我发现全班学生都在反复地折，比画来比画去，小心翼翼地想剪出一幅最漂亮的作品。这可怎么办？

[做法 B]

教学"轴对称图形"时，我让学生剪一幅喜欢的图形，可以对折了剪，也可以直接剪，在学生动手剪的同时，我在一旁鼓励学生：剪得快的同学可以把作品展示在黑板上。

因为想展示作品，学生动作就快多了，我发现有很多学生把纸对折一下画一些简单的图案就开始剪，有的学生则不对折，直接在纸上画了一个自己会画的简单图形就开始剪。很快，黑板上出现了对折以后剪的对称图形和随意剪的不对称图形。我在学生兴趣盎然的学习活动中，很自然地引导学生进入下一个环节……

活性分析

做法 A 中，教师原来设计的学习活动的意图，是让学生把纸对折剪或不对折剪，剪出对称图形和不对称图形两种情况，然后再引导学生在"对比"中认识对称图形的特点，以此引出轴对称图形的概念。可学生因为受前面美丽的剪纸作品的影响，尽量把纸多对折几次，把图案剪得复杂漂亮，这样学生不但花费了很多剪的时间，最主要的是他们剪出来的图形根本不是我们课堂上学习所需要的，这好像不是数学课而是美术课了。当然，在数学课中应该培养学生的审美能力，但由于情境创设和语言引导都有问题，把学生对本节课的学习方向引偏了，这种舍近求远和隔靴搔痒的情境创设不可取。

做法 B 中，教师并没有一开始就创设一个美不胜收的情境，让学生留恋忘"学"，而是直接让学生动手剪一个喜欢的图形，并有速度上的要求，迫使学生想到对折的剪纸技巧，剪出一个轴对称图形，顺利地完成预设目标。

合理的情境创设应该使情境与学生的学习内容有直接的联系，便于学生发现其中的数学现象、数学问题，便于激活学生的生活经验，感悟相应的数学原理，促使学生对问题进行探究。"根"正了，"苗"自然就直，这样的活动会比较快地直达知识目标，避免学生走弯路，可以有效提高教学效率。

二、欣赏不能太"欣赏"

活动现场2 数学·"认识钟表"

[做法 A]

教学"认识钟表"时，一位教师在课即将结束之时，在屏幕上呈现了许许多多各种各样的钟表图片，让学生欣赏：有方的，还有圆的；有普通的，还有卡通的；有针式的，还有电子的；有现代的，还有古代的；有中国的，还有外国的……真是无奇不有！直看得学生目瞪口呆。图片放完，课也就结束了。

[做法 B]

教学"认识钟表"时，一位教师在课即将结束之时，也在屏幕上呈现了许许多多各种各样的钟表图片，学生在欣赏中也频频发出惊叹声。

当图片放完后，教师问了一个问题："这些钟表形状不同，但有一点是相同的。你们看出来了吗？"

一个学生不假思索地说："它们都有时针和分针，还都有刻度。"教师点头，然后提醒学生再仔细观察刚才播放过的钟表画面，学生突然发现："它们指着的时间都是 6 时。"

活性分析

做法 A 中，在一些数学课中，教师常常会进行知识的拓展，提供一些与所学知识有关的课外资料让学生阅读或欣赏，以拓宽学生的知识面，培养学生的审美情趣。然而，这些课外知识很容易游离在所学的课内知识之外，剩下的可能只是学生的阵阵惊叹声。

做法 B 中，教师意识到如果只是让学生欣赏各种各样的钟表图片，学生看到的只是一些钟表制造的巧夺天工，得到的只是视觉上的冲击和愉悦，这样的课给人的感觉只能算是生活常识课。

于是，教师在制作钟表画面时，有意把它们的时间都定在了 6 时，为欣赏活动找到了知识之"根"。然而，这一玄机在学生欣赏时会被钟表美丽的外表所埋没，教师估计到了这一点，在欣赏活动结束后特意提了一个问题"这些钟表形状不同，但有一点是相同的。你们看出来了吗"，从而收回了学生已经缭乱的眼神，使欣赏这一教学活动恢复了浓浓的数学味，也为数学课画上了一个圆满句号。

三、游戏不能太"游戏"

活动现场 3 语文·《大海》

[做法 A]

这是一节低年级的识字课，学习的是关于"大海"的词串"沙滩、脚丫、贝壳……"学生一开始学得很认真。教师在出示了词语后，让学生一会儿画画，一会儿到"海滩"上"表演拾贝壳"，一会儿唱歌。频繁地活动之后，教师布置说话要求，学生却安静不下来，教师责怪："怎么又不专心了？"

[做法 B]

一、练做"沙滩想象者"

师："闭上眼睛想象一下，走在金色的沙滩上，你会有什么感觉？"（软软的）"你还可以在沙滩上干什么？"（学生自由发言）

师（观察图画）："他们都在干什么？"（小姑娘正弯腰去捡一个蓝色的贝

壳。穿红背心的男孩儿吮着大拇指，他可能有了新的发现。右边的小男孩飞快地跑过来，举着一个大海螺大声地喊着："瞧，多漂亮的贝壳！"沙滩上留下了他的一串小脚印）

师："你见过贝壳吗？"（出示实物或图片）"说说贝壳的样子，读好'贝壳'。"

师："孩子们光着小脚丫在沙滩上尽情玩耍，是多么开心呀！有感情地朗读第一行。"

师："用第一行的三个词语说一两句话。"

师（播放轻柔的带有海浪声、海鸥声的音乐）："站在沙滩上，遥望海面，海风轻拂，浪花欢唱，海鸥飞翔，多么迷人的景色呀！谁能读好第二行的三个词语？"

师："海鸥在海面上干什么？"（飞翔、鸣叫、捕鱼、追逐）"海水在海风的吹拂下拍打着海岸，撞击出朵朵浪花，哗哗，正唱着动听的歌呢！再读这一行。"

二、勇做"沙滩开荒者"

师："瞧，这是一片还没开发的大海、沙滩，看上去非常的荒凉。老师想请大家动动手，做一回'沙滩开荒者'，设计出最美丽的图画。"

三、乐做"沙滩小导游"

师："现在的大海变美了，这回啊，老师想请大家来当一回'沙滩小导游'，用上学到的词语，说一句话或者几句话。"

师："听了这么美的介绍，老师把这些词语串起来写成了一首歌，'海风吹，浪花涌，海鸥飞，/让我们漫步沙滩。/光脚丫，拾贝壳，/让我们尽情欢笑。/晚霞落，港湾静，渔船归，/珍珠、鱼虾、海带满舱。'让我们一起来唱唱吧！"（伴着《拨浪鼓》的音乐唱歌，巩固词语）

活性分析

做法 A 中，心理学家告诉我们："专心是一个复杂的精神过程。分心后重新集中注意力需要 15 分钟时间。"课中游戏活动的提前开展，让学生难以自拔，安静不下来，加上课中游戏活动的频繁变化，严重分散了学生的注意，影响了学生的倾听，所以说学生的不专心是教师的责任。

做法 B 中，教师并没有把学习活动全部变成游戏活动，课的开头只是利用多彩的画面去吸引学生观察和发现，并让他们展开丰富的想象。这样的观察活动和想象活动要比游戏活动"平静"得多，学生更容易静下心来体会文字的意境。等学生深刻领会字意并熟练表达句子之后，教师才开展了"画一画"、"唱一唱"的游戏活动，此时学生已经有足够的资本和充分的准备来"游戏"知识。这种先"静"后"动"的教学方式，可以保护学生不游离知识学习。

有位教育家曾指出："注意是学习的窗户，没有它，知识的阳光就照射不进来。"所以我们在设计教学活动时，首先应注意保持教学情境的相对稳定和平静，让学生能够专心学习。

四、想象不能太"想象"

活动现场4 数学·"面积与面积单位"

[做法 A]

教师出示一则图文并茂的学校介绍：我们学校是我市第一所十二年一贯制学校，学校地处城南开发新区……占地13万平方米……

师："想象一下，13万平方米有多大？"（几个学生作答，但都不着边际）

[做法 B]

课前，教师给学生分发草稿纸。有学生抗议起来："老师，我的草稿纸小，别人的大，不公平。"叽叽喳喳地愤愤不平。

教师说："我们来做个小游戏，看谁最先把这张草稿纸涂满。"得到大纸的学生说："肯定是草稿纸小的那些同学涂得快。我们吃亏了。"

上课了，教师出示课题，问："你们知道什么叫'面积'吗？"（学生说不清楚）教师笑着说："其实，你们都已经知道面积了，刚才你们说这张草稿纸大，那张草稿纸小，其实就是说这张纸面积大，那张纸面积小，给面积小的涂颜色会比较快。"

活性分析

做法 A 中，教师创设了一个自己学校的情境，从学校简介中挖掘与本课相关的知识点，同时还渗透一点爱校教育。但是从教学效果上看，学生反应茫然，其中的"13万平方米"对学生而言感觉摸不着边际，因为生活中他们对这类词句接触太少，根本谈不出个所以然。这样的"面积"引入，尽管素材取自学生熟悉的学校，但其中的数字却让学生感觉很陌生、很遥远。

做法 B 中，教师分发大小不等的草稿纸，引起一些学生的不满意，这样的设计虽然简洁，但实际教学效果却很好。纸的大小，学生"看得见"，也"摸得着"，它引发了每一个学生积极的情绪体验，让他们不知不觉就感受到了面积，面积与他们的日常生活经验"挂上了钩"。根据"物体的表面有大有小"的生活经验，学生也就能"想得出"面积所表示的意思。所以，吃准学情是学生学好知识之"根"。

——— 活学活用 ———

在采用"留住根本"教学策略，以追求最终"不把学生教死"之良好教学效果的过程中，教师可以从以下几方面进行考虑。

活法1：不脱离"学习"

学生的学习需要"乐"的因子、需要"活"的因素，所以，我们的教学为了能让学生快乐和快活地学习，一般都比较注重创设情境，让学生在"境"的感染和"情"的感动下，能够带着愉悦的心情进入学习。课中，教师还会经常设计一些游戏活动，让学生能够"动"起来、"活"起来。

然而，教师在创设情境和设计游戏活动时，不能忘记它们的根本，那就是最终应该指向知识目标。因为情境和游戏的"糖衣"，会很容易包住知识学习，让学生得到的只是情感上的快乐，而没有知识上的收获。

例如"活动现场1"的做法A中，课的导入尽管很美，给了学生"美"的联想和"美"的享受，但造成了学生在"美"不胜收中脱离了知识学习，这就是"美"景导致无"知"的美中不足；而做法B，教师并没有在"美"字上做文章，而是直接让学生操作比赛，目标直指知识的根本处。

又如"活动现场3"的做法A中，教师还没等知识目标落实，就急不可待地开展了游戏活动，造成了学生学习的"混乱"局面，难以安静下来进入下一个教学环节；而做法B，教师则先把知识夯实，然后再开展游戏活动，这样学生的活动才有了扎根的知识土壤，这样的教学才有戏。

活法2：不远离"学情"

学生的学习如同走路，需要一步步前进，跨度太大容易让学生摔下来，难度太高容易让学生攀不上，影响学生对知识的接收和接受。可以说，一定的生活经验和一定的知识基础，是学生进一步学习的"根"，根基扎实了，根系强壮了，知识在学生心底才会开花结果。

例如"活动现场4"的做法A中，教师让学生想象"13万平方米有多大"，这样大的面积连我们成人都缺乏感觉，对小学生而言那就如同天方夜谭，一是这一面积单位在生活中比较陌生，二是这一面积单位在度量上比较遥远，学生没有体验也就在情理之中；而做法 B，教师从学生身边的物体大小引入面积的概念教学，学生有切身的感受，在思想中也就有了概念，这样的教学没有远离学生的学情，学生学得有根有据。

活法 3：不偏离"学科"

现在的教学提倡知识的拓展和学科的综合，这可以开阔学生的学习视野，激发学生的学习兴趣，培养学生的整体意识。然而，教学中的任何一次拓展与综合，都不应该忘记教学的根本，那就是不能偏离所属的学科。如果偏离了所教的学科，那么这样的拓展与综合就会变得奇形怪状，甚至面目皆非，畸变成教学的另类。

例如"活动现场 2"的做法 A 中，教师在课尾让学生欣赏各种各样的钟表，学生往往会被钟表的表面样式所打动，深深留在学生脑海中的将是钟表的奇形怪状，然而这些并不是数学课上所需要教的内容，也就是说，这样的欣赏活动已经让学生看不到知识的"根"，变成了单纯地认识钟表的形状，而不是认识钟表的时间，这就偏离了数学学科的根本任务；而做法 B，教师在欣赏活动的结尾添了一笔，让学生说说钟表上的时间，这一笔可谓是画龙点睛，让这一欣赏活动叶落归根，使数学课依然是数学课。

09. 学生：在学习整块知识时，常会出现囫囵吞枣式的消化不良，该怎么办？——

教师：让学生在知识"分解"中理解

在教学中，由于时间的限制，教师常常使教学内容完整出现；另一种情形是，由于教材的限制，许多教学内容只能完整出现。然而，教学内容的"一目了然"未必能够换来学生学习内化的"一心了然"。因为，教学内容的完成需要一个不断发展的分解过程，学生认知的完善同样需要一个不断丰富的分析过程。

俗话说，欲速则不达。教育属于慢性子，教学需要慢镜头。这些都要求教师在教学开始时不能和盘托出知识，在教学结束时也不能急于求成知识，而应该把教学内容按照知识发展逻辑和学生心理逻辑分解出来，分步、分段、分层、分工出现教学内容，把"死"的知识变成"活"的知识，把"静"的知识变成"动"的知识，让学生理清知识的脉络和解开学习的窍门，更灵活、更全面、更深刻、更快乐地理解所学知识。

一、让教学内容"分步"出现

活动现场 1 数学·"认识百分数"

[做法 A]

"认识百分数"新授结束后，在教材"想想做做"栏目中有这样一道题目：下面每个大正方形都表示"1"，图中涂色的部分和没有涂色的部分各占"1"的百分之几？

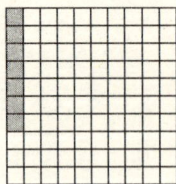 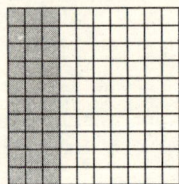 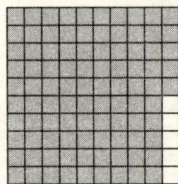

涂色部分　　（　　　）　　　　　　（　　　）　　　　　　（　　　）
没涂色部分（　　　）　　　　　　（　　　）　　　　　　（　　　）

　　一般教师都是把题目中的三张图一起呈现，然后让学生依次填写"涂色部分"和"没涂色部分"所占整体的百分数。

　　[做法 B]

　　一位教师在教学上述"认识百分数"的练习题时，并没有把题目完整呈现，而是把这三张图分步出现。

　　第一步：先出现第一张图，让学生填写"涂色部分"占整体的百分数，然后提问学生"由涂色部分所占整体的百分数，你还能想到哪个百分数？"顺着学生的回答再出现"没涂色部分（　　）"的填空。此中，学生还能发现这两部分的百分数之和就是"1"。

　　第二步：再出现第二张图，让学生依次填写"涂色部分"与"没涂色部分"占整体的百分数。

　　第三步：最后出现第三张图，让学生在填写"涂色部分"与"没涂色部分"占整体的百分数时，思考"怎样填写比较容易？"此时，许多学生会想到先填写"没涂色部分"占整体的百分数，然后推算出"涂色部分"占整体的百分数。

　　活性分析

　　做法 A 中，教师按照教材面貌，把完整的练习题"一览无余"地呈现在学生面前，学生做题时一般只会跟着教师呈现题目的顺序"顺向"思考问题。这样做的弊病可能是，学生思维方向比较单一和死板，也不太容易自觉关注知识之间的关联性。这样练习的功能只是"做题"。

　　做法 B 中，教师没有把题目一股脑儿地呈现，而是把三道小题目分步出现，先出现第一小题，再出现第二小题，最后才出现第三小题。在出现第一小题时，教师又分步出现问题，先让学生填写"涂色部分"所占的百分数，然后让学生反向联想出"没涂色部分"所占的百分数，这样的分步出现，培养了学生思维的互逆性。在出现第三小题后，教师没有急于让学生填写答案，而是先思考方法的简捷性，让学生意识到有时也可以"倒过来"想问题和做题目，再次培养了学生思维的互逆性。这样练习的功能才是"解题"。

　　二、让教学内容"分段"出现

　　活动现场 2　数学·"九加几"

　　[做法 A]

　　"九加几"新授结束后，在教材"想想做做"栏目中有这样一道题目：

$9+1+1=\square$ $9+1+4=\square$ $9+1+8=\square$

$9+2=\square$ $9+5=\square$ $9+9=\square$

教师让学生带着问题"你发现了什么"做题，等学生把三组题目全部做完后，有学生发现每组中的两道小题结果相同，一些学生还发现计算下面的算式时可以把加法算式中比较小的加数分解成上面的连加算式计算。教师肯定后，告诉学生记住发现的结论，接着进入下一教学环节。

[做法B]

一位教师在教学"九加几"一课的这道题目时，并没有一次性使用就收工，而是把题目做了延伸，分成两个时段出现。

第一段：教师把原来的一组题目中的两小题交换了一下位置出现，变成了第一组"$9+2=\square$，$9+1+1=\square$"，第二组"$9+5=\square$，$9+1+4=\square$"，第三组"$9+9=\square$，$9+1+8=\square$"。学生练习后发现，计算"九加几"时可以把它们转化成下面这样的连加算式计算。

第二段：教师又出示了其余一些"九加几"的计算题，例如"$9+3$"、"$9+4$"、"$9+6$"、"$9+7$"、"$9+8$"，让学生运用刚才发现的计算技巧比一比谁算得快。

活性分析

做法A中，教师按照教材配置的题目，原封不动地搬用，学生把题目做完也就算是完成了教学任务。关键的问题是，这一组题目除了计算出它们的结果之外，还有一个任务是让学生发现其中的计算技巧，这一方法可以说是学生课中学习的"凑十法"的升级版。可惜的是，等学生发现之后，特别是一些学困生想试验这一方法的时候，却已经没有时间和机会，因为教师后面没有再安排相关练习，而匆匆转入了下一环节的教学。

做法B中，教师意识到题组中隐藏的方法是课中教学的"凑十法"的替代产品，它是把"凑十法"的分解图式抽象成了一个连加的算式，例如"$9+1+1$"与"$9+2$"，其中的"$1+1$"就是"2"的分解，然后"$9+1$"凑成"10"，就转变成了"$9+2=9+1+1=10+1=11$"。这样的思路比较简洁，便于学生在算式中或在脑子里运用"凑十法"计算"九加几"的题目。

鉴于这种考虑，教师首先把原来题组中的两小题交换了一下位置，其用意是让学生的思路能够从主题"九加几"开始，发现可以转换成下面的连加式来思考"凑十法"。当学生发现这一快捷方法之后，教师趁热打铁，及时提供了一些其他"九加几"的习题，让学生特别是一些没发现这一方法的学生以及一些学习有困难的学生，能够运用和巩固这一个解题技巧。

三、让教学内容"分层"出现

活动现场 3 数学·"圆的认识"

[做法 A]

一位教师组织学生通过折一折、看一看、比一比、量一量等教学活动，探究出圆的直径的特征后，提问学生："那么半径有什么特点？你也会这样进行探索吗？"于是，学生又忙碌起来，折的折、比的比、量的量……

[做法 B]

另一位教师在组织学生通过折一折、看一看、比一比、量一量等教学活动，探究出直径的特征后——

师："同学们，你们猜想一下'半径'的'半'是什么意思？"

生："我认为半径是直径的一半。"

师："你们再猜想一下，半径会有哪些特征？"

生1："半径像直径一样，也有无数条。"

生2："一个圆里，所有的半径都相等。"

师："你们的猜想是否正确，下面请同学们验证一下。"

于是，学生又忙碌起来，折的折、比的比、量的量……

活性分析

做法 A 中，教师安排的研究直径和半径特征的活动是本课教学的重要内容。在知识逻辑上，它们属于并列式知识，但在实际教学时呈现着一个先后次序，由此反映在学生心理逻辑上就不再是并列式结构。因为直径教学已经构成了学生认知的新起点，后续的半径教学要求应基于并高于直径教学。

做法 B 中，教师认识到在进行半径教学时，不应脱离直径教学在学生认知中留下的"成果"，而使教学起点回到"从前"，仍采用发现式教学方法，让学生直接动手"做"数学。于是，教师指导学生根据半径和直径存在的"亲密"关系先行联想或猜想半径会具有什么特征，然后再去操作，进行验证性学习。这样，通过增加让学生"想"数学的内在思维活动的分层教学，为直径教学与半径教学的承上启下起着纽带作用，并使半径教学的地位得到"升级"。

四、让教学内容"分工"出现

活动现场4 数学·"乘法结合律的简便计算"

[做法A]

"乘法结合律的简便计算"新授结束后，在教材"想想做做"栏目中有这样一道题目：先算一算，再比一比每组中哪道算式的计算比较简便。

25×24 45×12 36×15

$25 \times 4 \times 6$ $45 \times 2 \times 6$ $9 \times (4 \times 15)$

教师让全体学生算一算后，比一比，发现下面的连乘算式就是上面乘法算式的简便算法，首先把一个乘数分解成两个因数，然后运用乘法结合律进行简便计算。

[做法B]

一位教师在讲授"乘法结合律的简便计算"一课的上述这道题目时，把横向的三小题重新组合成一组，分工给男生与女生解答。

分配给男生做的一组题是：25×24， 45×12， 36×15。

分配给女生做的一组题是：$25 \times 4 \times 6$， $45 \times 2 \times 6$， $9 \times (4 \times 15)$。

教师让男生和女生计算比赛，看谁做得快。

开始时，女生有意见，感觉老师给她们的都是两步计算的题目；结束后，男生有意见，感觉老师给他们的题目没有给女生的题目好算。此时，教师微笑着指着其中那些结果相同的题目，点拨道："那你们可不可以改写成女同学做的题目进行计算？"男生恍然大悟，明白了其中的简便计算方法。

活性分析

做法A中，教师严格按照教材要求出现题组练习，让学生在比较中发现算式之间的转化途径和简便方法，这种做法虽然练习的目标十分明确，能够顺利得到需要的结果，但这种结果更多的是知识上的结果，学生的情感投入未必会十分强烈，因为学生更多的是把它作为一个学习任务来完成的。

做法B中，教师把教材题组按照结构相同的特征进行重组，分成两大组分别让男生和女生进行计算比赛，使平常的练习活动具有了人情化色彩，并获得了戏剧性效果：初看，女生感到不公平；事后，男生感到不公平。在学生的愤愤不平中，教师一语点破，学生茅塞顿开，发现了其中的奥妙，皆大欢喜。如此有"情"有"义"、有"分"有"合"的练习方式，学生情绪高涨、学习高效。

—— 活学活用 ——

在采用"分解动作"教学策略，以追求最终"不把学生教死"之良好教学效果的过程中，教师可以从以下几方面进行考虑。

活法 1：教学需要"显微镜"

教学不能太一统，让学生没有生龙活虎的空间；教学也不能太笼统，让学生没有细嚼慢咽的机会。对有些大块知识，教师如果一下子都呈现出来，学生可能会一下子吃不了或一下子吃不透。此时，就需要教师能够运用"显微镜"技术，把成块的知识合理分解，分成若干个步骤，让学生拾级而上、循序渐进，并放大一些关键性的细节和一些关系性的线索，让学生能够抓住知识的要点和方法的要领，纲举目张，如此反而能让学生思维活跃、思想活络，获得更好的教学效果。

例如"活动现场 1"的做法 B 中，教师把一组练习题分步出现，第一小题的分解动作，给了学生想象的空间，让学生根据已有问题自觉地进行反向思考；经过前面两小题的训练，学生的思路已经被打通，等到第三小题的补充出现，给了学生选择的机会，让学生根据具体问题自觉地进行逆向思考。

活法 2：教学需要"望远镜"

教学不能性太急，出现知识时不能一闪而过，让学生看不到知识远处的风情；教学也不能性太平，出现知识时不能一带而过，让学生看不到知识深处的风景。此时，就需要教师能够运用"望远镜"技术，把知识向前方进一进或向高处抬一抬，使教学的意义更加深远。

对有些大块知识，教师有时需要把它进行分段，让学生"瞻前"之后还能"顾后"，有自己的用武之地。例如"活动现场 2"的做法 B 中，教师把一组练习题分成了两个时段，前段重在发现，让学生习得方法，后段重在应用，让学生练用方法。

对有些大块知识，教师有时还需要把它进行分层，让知识不再"平铺"，而能够"高瞻"，让知识不再"直叙"，而能够"远瞩"，在教学层次上使后续知识能够更上一层楼。例如"活动现场 3"的做法 B 中，在研究圆的半径时，教师反其道而行之，采用了与前面的直径教学不一样的教法，没有直接让学生动手探究，而是先让学生进行猜想，这样能够促使学生自觉进行知识的比较与沟通，接下来的操作活动不再是探究性学习，而是验证性学习。学生的学习，从原来为完成教师的指令而学，变成了现在为验证自己的猜想而学，这样的学习境界更高。

活法 3：教学需要"广角镜"

教学的取"材"范围不能太狭窄，让学生的学习缺乏物质的支撑；同理，教学的取"才"范围也不能太狭小，让学生的学习缺乏人员的支持。多滋多味的教学需要多才多艺，此时，就需要教师能够运用"广角镜"技术，设计多种多样的材料呈现，吸引多种多样的学生参与。其中，能够把所有的、不同的学生的积极性都调动起来，就已经是教学的成功。

例如"活动现场4"的做法 B 中，教师把材料重新分组，分成了不同样式的两组题目，并分给了不同性别的两组学生——男生和女生进行计算比赛。这样把题目进行分工的用处是，首先是能够产生良好的心理效应，不同性别的学生进行比赛，会别有一番情意在心头；其次是能够产生良好的物理效应，不同外貌的材料进行比较，会别有一番深意在眼前。

10. 学生：知识学习常止于知"识"，少知"根"知"底"，该怎么办？——

教师：让学生"入木三分"地学习

教学的一个很重要的任务是，让学生深刻地理解知识。而要让学生能够深刻地学习，教师就必须让教学走向深刻。其中，一个重要的做法就是给学生讲道理，让学生看到深藏在知识里面的本质和隐藏在知识背后的思想。

一个知识点，平时，我们更多强调它是什么，而往往忽视它为什么是这样。也就是说，这一知识是这样的原因何在？为什么它一定要以这种方式存在，而非其他的形式？当学生明白其中的道理后，就能够把知识看清、看明、看透。可以说，唯有学生"入木三分"地理解知识，对知识的掌握才能够"入骨三分"。

一、让学生知道，"名称"也是有道理的

活动现场1 **数学·"长方体和正方体的认识"**（提供：赵红婷、王爱瑾）

［做法 A］

在教学"长方体和正方体的认识"一课时，一位教师在揭示长、宽、高的概念时，并没有像通常那样直接出示标有长、宽、高的直观图，而是创设了这样一个情境：先让学生观察一个长方体的物体，然后闭上眼睛想象这个物体的大小，并试着用手比画出长方体物品的大小。

在比画时，学生一般都会用3组数据来表示长方体的大小，在此基础上，教师追问："为什么只要知道3组数据就能知道长方体的大小呢？长方体的棱有什么特征呢？"进而，再揭示长、宽、高的概念。

［做法 B］

在教学"长方体和正方体的认识"一课时，另一位教师的设计显得更为精妙。他出示一个长方体图，依次有序地去掉其中的一条条棱，询问学生去掉棱后对长方体的想象有没有影响。先去掉其中的一条棱，问学生："能想象出长方体的大小吗？"学生表示能。接着，他再去掉一条棱，再问学生同样的问题，依次这样做，到最后还剩横向、纵向、竖直方向3条棱时，追问："如

果再去掉一条棱,你能想象出长方体的大小吗?"学生表示不能。在此基础上,再揭示长、宽、高的概念。

活性分析

做法 A 中,教师采用让学生闭上眼睛想象和比画长方体的大小的做法,让学生寻求用最简单的方法来说明较复杂的问题,自觉自悟地选择三个"代表"来表示出长方体的形状和大小,并在直观演示中明白长方体的长、宽、高所具有的代表性。

做法 B 中,教师用"减法"手段逐步引出长方体长、宽、高的名称,使学生不仅知道长、宽、高的概念,还能知道为什么要这么规定长、宽、高,这就很好地体现了长、宽、高的存在价值。长、宽、高不是凭空而来的,是为了更简洁地表示长方体大小这一需要而产生的,这就是知识存在的深层价值。

二、让学生知道,"结论"也是有道理的

活动现场 2 **数学·"三角形的认识"**(提供:赵红婷、王爱瑾)

[做法 A]

一位教师教学"三角形的认识"一课时,当学生通过举例,初步认识了三角形的特征后,教师出示了篮球、空调的支架图,问学生:"为什么这些支架要做成三角形呢?"学生认为:"三角形有稳定性。"教师又问:"你怎么知道三角形有稳定性的?"学生说:"三角形不易拉动。"于是,教师让学生上台拉三角形和平行四边形框架,得出结论:平行四边形容易变形,三角形不易变形。

[做法 B]

另一位教师教学"三角形的认识"一课时,让学生上台拉三角形和平行四边形框架,得出结论"平行四边形容易变形,三角形不易变形"后,并没有就此作罢,他继续问:"有没有想过,三角形为什么具有稳定性?"

教师引导学生用小棒摆出一个三角形,问:"想一想,用同样的小棒,能不能摆出不同的三角形?"在操作和观察中,学生发现:用 3 根小棒只能摆出一种三角形。教师追问:"如果给你 4 根小棒,你能摆出几个四边形?"学生通过操作发现:有无数个。至此,教师才小结道:"用 4 根小棒可以摆无数个四边形,而用 3 根小棒只能摆一个三角形,这就证明了三角形具有稳定性。"

活性分析

做法 A 中，事实上，常规意义上的拉三角形是不够完善的，因为如果是塑料管做的三角形是可以变形的，这也就无法证明三角形的稳定性。现如今，一些教师在教学时，似乎更看重"术"，而很少考虑"道"，也就是说，教师更注重教学技术的处理，而很少考虑为什么要这样做，这样做的后果是学生对结论会存在疑义，未必会真正心服，尽管当时不说。

做法 B 中，摆小棒能够凸显三角形具有稳定性的存在依据，很清楚又很直观地证明了三角形的稳定性，让学生知道了三角形稳定性的真正含义，于是更加信服结论的正确性。

当我们站在存在主义的立场去关注学科和知识时，我们不会仅仅满足于它是什么，而会去追问：它为什么会是这样的？这一规律或特性为什么会存在？它的存在对我们的生活和学习到底有怎样的影响？站在存在的立场，我们分析问题的视角就会变得更深邃，揭示问题就会更指向事物和现象的本质属性。

三、让学生知道，"工具"也是有道理的

活动现场3 数学·"三角板的使用"

[做法 A]

1. 拿出一副三角板，让学生指出三角板上 45°的角。让学生用这个三角板画一个 45°的角。教师注意指导学生怎样画误差小。

2. 师："刚才画的角是三角板上有的度数，那么三角板上没有的度数如 75°怎样画呢？"

学生思考、讨论、交流："可以用两块三角板，45°的角和 30°的角拼到一起就是 75°。"

3. 给学有余力的学生再提要求：除了刚才这几个角，你用三角板还能画出什么度数的角？试着画一画，画得越多越好。

[做法 B]（提供：蒋守成）

导入：三角板为什么会是这个模样，而且沿用至今，它有什么奥秘呢？

1. 探索角的奥秘：除了 30°、45°、60°和 90°，还有哪些度数可以用一副三角板画出来？（只要是 15°的倍数的角都能画出来）

2. 探索边和面的奥秘。

①数学问题：将两块一样的三角板拼在一起，可以形成哪些不同的三角形？

②数学思考：在等边三角形中，你能发现原来的三角板30°角对应的直角边长度和斜边长度的关系吗？（斜边长度是短边的2倍）从等腰直角三角形中，你能发现斜边和它对应的高的长度的关系吗？（斜边是高的长度的2倍）

③数学问题：将两块一样的三角板拼在一起，能形成几种不同的四边形？学生有序思考并展示。

④数学思考：什么变了，什么不变，哪种情况周长最长或最短？

3. 揭示三角板自身的奥秘。

其实，三角板是从古希腊时期就有的。它是对两种基本图形——正三角形与正方形分割而成的。当把正三角形与正方形对半切割时，便得到了两种直角三角形，这正好是我们所用的一副三角板的形式。古希腊数学家柏拉图认为，这两种三角形是最完美的形式，并且它们可以无限地分下去，只要沿着直角点作斜边的垂线，仍得到同一形状的三角形。

活性分析

做法A中，教师对三角板的使用已经作了拓展，让学生知道三角板除了用来测量长度之外，三角板上面还有一些特殊的角度，可以用来画角和量角。另外，一副三角板的组合使用还可以画出和量出更多的角度。这样的教学，可以让学生更加广泛和更加深入地了解三角板的用途，让学生打开眼界。

做法B中，教师对三角板的使用，不仅在"角"上而且在"边"上，不仅在组合画角上而且在组合画平面图形上，作了更大范围的探究。更重要的是教师对三角板的"出身"作了分解和分析，让学生大开眼界，知道了三角板构造的实用性和完美性。

其实除了三角板，我们还有一些常用的学习工具（比如圆规、直尺等），其中也蕴藏着很多的数学奥秘，比如你知道什么是省刻度尺吗？你知道量角器的演变过程吗？你知道怎么用圆规和直尺画五角星吗？可以说，让学生不断用心去触摸数学本质、感受数学内在文化特质的自由天空，让学生在生命表现和发展中找到学习的乐趣，让情意得以真正地宣泄，张扬个性，舒展生命，这是生命的本能要求，也是教学的深层要求。

四、让学生知道，"错误"也是有道理的

活动现场4 数学·"三角形的内角和"

[做法A]

一位教师教学"三角形的内角和"一课，先让学生用量角器分别测量各种三角形的三个内角，然后求出内角和。

在汇报时，很多学生的结果并不正好是180°，有些与正确结果相差无几，但有一些学生的答案却与正确结果相去甚远。对此，教师只是轻描淡写地说："这是由于测量上会存在误差，导致结果不精确，所以我们要换一种方法来探究三角形的内角和。"于是，学生也就跟着老师的安排，心安理得地进入"用折一折、拼一拼的方法研究三角形的内角和"后一环节的学习。

[做法 B]

另一位教师教学"三角形的内角和"一课时，同样出现了学生测量结果与标准答案或近或远的情况。对此，教师并没有简单地用"误差"的搪塞一语带过，而是特地停下来，让一些与正确答案相差很大的学生把测量的过程演示出来，从而发现他们错误的根由是测量方法的不正确，并非所谓的误差。

活性分析

做法 A 中，由于教学时间的紧张，也由于教师心中预设的目标是利用前一环节的"用量角器测量三角形的内角和"的不精确为后一环节的"把三角形的三个内角拼合"铺路搭桥，所以教师往往会不在乎和不在意前一教学环节中学生出现的"错误"，认为这些"错误"都属于正常的误差，甚至还把这种"错误"当成教学资源，来引入后一环节的教学，并突出后一种研究方法的好处。

做法 B 中，教师有着职业的敏感，知道误差有一定范围的常识，发现一些学生的测量结果与标准答案差距很大，就知道他们的"错误"不再是误差那么简单，于是教师能够为此舍得停下来，还原学生的操作过程，让学生知道错误的真正原因，这是教师一种严谨和求实的科学态度。

—— 活学活用 ——

在采用"入木三分"教学策略，以追求最终"不把学生教死"之良好教学效果的过程中，教师可以从以下几方面进行考虑。

活法 1：让学生知"道"——知其"路道"

教学的目的之一，首先要让学生知道知识的"道路"，也就是知道知识的"是什么"。这如同认识一个人，首先要知道一个人叫什么名字、长什么样子。

在教学中，教师要让学生知道知识的内涵与外延。例如长方体的长、宽、高意义的知识概念，三角形具有稳定性的知识性质，三角形内角和是 180 度的知识规律等，这些基本知识、基本技能、基本方法与基本思想都应该让学生知道是什么样子的，知其然才能保证学生走上知识大道。

活法 2：让学生知"道"——知其"法道"

教学的目的之二，然后要让学生知道知识的"道理"，也就是知道知识的"为什么"。换一句话说就是，要让学生知其然，还要知其所以然。当学生知其所以然后，能够让学生更好地知其然。可以说，这种理解性的知根知底的学习效果要远好于不知底细、不知就里的记忆性学习。

例如"活动现场 1"中，不仅让学生知道长方体有长、宽、高，而且让学生知道长方体为什么只有长、宽、高；"活动现场 2"中，不仅让学生知道三角形具有稳定性，而且让学生知道三角形为什么具有稳定性；"活动现场 3"中，不仅让学生知道三角板有什么用，而且让学生知道三角板为什么这样设计；"活动现场 4"中，不仅让学生知道测量结果是错误的，而且让学生知道为什么会造成这样的错误。

活法 3：让学生知"道"——知其"用道"

教学的目的之三，最后要让学生知道知识的"道用"，也就是知道知识的"做什么"。知识学习的用途大致有两个走向，一是为学生更好地学习提供知识基础，二是为学生更好地生活提供知识工具。这是知识的价值体现，也是学习的价值体现。当学生明白了这一点后，学生的学习就会有前进的方向和动力，就不会认为知识是无用的，也不会认为学习是无用的。

例如知道了长方体的长、宽、高，可以求出长方体的棱长总和、表面积和体积，可以解决生活中的包装、装运等问题；知道了三角形的稳定性，可以解决生活中的加固问题；知道了三角板的构造，可以利用它的原理和变化引出一些其他的学习内容和解决一些棘手的知识问题。

其实，教学还有一个目的，那就是由学生的"知道"所演化出的另外一个含义——"知"后会"道"，学生"知道"后会"说道"。当学生能够用自己的话说出来，这说明学生对知识已经理解了，所以，教师要检测学生是否已经理解了知识，其中一种判断方法就是看学生用自己的话"能说会道"知识的程度。

11. 学生：有时不钟情教师或教材提供的例题、习题或试题，该怎么办？——

教师：让学生"代替"老师出题

在传统教学中，在学生眼里，教师一直是教学的命令者，是掌握教学命数的"独裁者"；在学生眼里，教师还一直是考试的命题者，是掌握学生命运的"独断者"。在这种情形下，学生只是一个缺乏主动、缺少主见的听命者，一切围着教师转。

其实，学生是教学的命根，学生的能动是教学的命脉。学生是学习的主人，有能力担当一些教学活动的"主任"。譬如，教学的命题有时就可以让学生出题，例题、习题、试题设计的起点可以据学生而定，例题、习题、试题取材的来源可以从学生中来。教师在命题时，应该把来自学生的题目作为题库的重要内容，并让它成为促进学生自主学习和自信学习的有效手段。

一、练习时，变教师布置为学生出题

活动现场 1 数学·"乘法分配律"

[做法 A]

教学"乘法分配律"一课后，教材上有一组题目"在□里填数"：

① $(12+5) \times 4 = \square \times 4 + \square \times 4$；

② $8 \times (25+125) = 8 \times \square + 8 \times \square$；

③ $74 \times 23 + 26 \times 23 = (\square + \square) \times \square$；

④ $a \times c + b \times c = (\square + \square) \times \square$。

教师机械布置，学生埋头做题。在巡视中，教师发现一名学生做了前三小题后就不想再做了，问他原因时，他振振有词："这些题目都是差不多的！"教师沉下脸，严令他限时完成，没有讨价还价的余地，学生一脸无奈。

[做法 B]（提供：陈华忠）

另一位教师在让学生练习"乘法分配律"后的这一组题目时，发现学生的情绪落差很大，学生的神情似乎在说：真没劲，又做题！

于是教师及时进行调整："同学们，你们能不能也当回老师，出一些能运用乘法分配律的题目来考一考老师呢？"话音刚落，学生的精神立即抖擞起来了——有的学生立刻动笔；有的与同桌交流、合作出"考题"；还有的在窃窃私语：得出难点的题目，不能"便宜"老师……教师认真分析学生出的每一道题，并让学生判断正误，直至学生满意为止。

活性分析

做法 A 中，让人遗憾的是，当教师发现学生的"冷情"之后，并没有"热情"地理解学生和迎合学生，为学生及时改变教学策略和教学行为，而是"横眉冷对"学生；勒令学生限时完成，让学生感到"心冷"。

做法 B 中，学生的学习状态决定课堂教学效果，教师及时在学生情感的冷漠处、学生活动的冷场处、学生思维的冷却处、学生兴趣的冷淡处进行加温或聚热，并采用积极有效的调节方式，变换学生的角色，让学生当老师出题考自己，使学生群情激奋、绞尽脑汁、千方百计地出题，希望能够难倒教师，以展现自己水平。其中，学生会出题，也就会做题，教师通过让学生出题的方式达到让学生做题的目的，可谓别具一格出题材和出人才。

二、复习时，变教师组织为学生出题

活动现场 2 数学·"小数的整理和复习"

[做法 A]

一、回顾

1. 提问：这一单元，你学习了哪些数学知识？

2. 小组讨论：

A. 举例说一说小数和分数的联系。

B. 小数的性质是什么？你能联系实际说一说吗？

C. 小数和整数有什么相同点？

二、练习

（1）0.8 表示（　　），它的计数单位是（　　），它有（　　）个这样的计数单位。

（2）0.30 表示（　　），它的计数单位是（　　），它有（　　）个这样的计数单位。

（3）化简下面各数：0.060　1.230　0.1020　230.00

……

[做法 B]

"小数的整理和复习"一课，我没有提供大量练习题，只在黑板上写了"103.2560"，让学生思考"如果你是老师，会根据这个小数设计出哪些复习题？"由教师出题变成学生出题。

生1：你能指出这个小数的整数部分、小数部分吗？它们以什么为界？

生2：这个小数怎么读？

生3：103.2560 表示什么？

生4：1 在（　　）位，表示 1 个（　　）；2 在（　　）位，表示（　　）个（　　）；6 在（　　）位，表示（　　）个（　　）。

生5：103.2560 由（　　）个 1 和（　　）个 0.0001 组成。

生6：103.2560 中的哪些"0"可以去掉？为什么？

生7：如果在这个小数后面添上单位"米"，请你在括号里填上合适的单位。103.256 米表示 103（　　）256（　　）；其中 2 就表示 2（　　），5 表示 5（　　），6 表示 6（　　）。

……

活性分析

做法 A 中，单元复习课一般有着基本的教学模式，先是整理单元中涉及的各个知识点，沟通它们之间的联系，然后集中进行单元知识的练习，让学生对知识的结构系统有一个整体性的认识和整体性的训练。

然而，传统的复习课学生往往缺乏复习的兴趣，也往往缺乏复习的自主，其复习的线索、方式、材料和习题往往都由教师设定，不管哪些知识是学生真正欠缺的，也不管哪些知识是学生真正薄弱的，只是一相情愿地拉着学生齐步往前走。

做法 B 中，教师只是在课头写了一个具有张力的小数作为"代表"，为学生的复习开个头，让学生思考"如果你是老师，会根据这个小数设计出哪些复习题？"结果学生由这个"线头"想出了许多题型和题面，在出题过程中也理清了知识的来龙去脉，同样达到了复习单元知识的教学目标。

由此可见，复习课有时并不需要设计许多问题和许多习题，让学生感到应接不暇、眼花缭乱，产生厌倦的心理。教师应该懂得，有时过多、过细的复习材料反而会牵制学生的活动、压抑学生的思维、减弱学生的兴趣，有时较少的复习材料反而能起到让学生"微"以足道的放大效应——"小限制，大发挥"，发挥出学生的能动作用。

三、失误时，变教师改正为学生出题

活动现场 3 数学·"一个数是另一个数的几倍"

[做法 A]

一节课中，我板书例题时，几名学生起身道："老师，你抄错数了。你把 504 抄写成 405 了。"我一看，可不是嘛，于是灵机一动："我非要用课本上的数字吗？""啊？可以随便更改数字？"有的学生在小声嘀咕。

我一听，不得了，如果这样，以后学生遇到不会做的题，任意增加或更改条件，那该怎么办？到时候，学生的理由也很充分，老师就是这样。不能任其发展。我不好意思地笑了笑："对不起。"我顺手把 405 改写成 504。

谁知又站起一名学生："老师，这样不行，请您写错因？"因为我和学生有一项约定：无论在作业中还是考试中出现了错题，无论是谁，都要在错题的旁边写出错因，然后再订正。我郑重其事地说："同学们，老师也有犯错误的时候，刚才我抄题时精力不集中，没有仔细看清数字，导致抄错了数字，下不为例，请同学们监督。"我的话音一落，教室已是一片掌声。我实在没想到，学生是那么在意，那么容易接受老师的检讨，老师的保证在他们心中是那么重要！

[做法 B]（提供：杨振君）

在教学"一个数是另一个数的几倍"时，我出示了下面一道题，要求学生说出下列两种图形的倍数关系：

○○○
□□□□□

（   ）是（   ）的（   ）倍。

题目刚刚出来，学生就大喊："题目错啦！题目错啦！""这题不好做！"

我一看，果然抄错题目了，少画了一个正方形。怎么办？我灵机一动："是吗？那怎么办呢？谁来帮帮我？"学生一听说要帮老师，热情一下子被激发了起来，他们个个跃跃欲试，想出了各种办法。

方法 1：再添上一个□。□是○的 2 倍。

方法 2：再添上 2 个○。□是○的 1 倍或○是□的 1 倍。

方法 3：去掉 2 个○。□是○的 5 倍。

方法 4：不增加也不减少图形的个数。□是○的 1 倍多 2 个或□是○的 2 倍少 1 个。

活性分析

做法 A 中，美国心理学家罗杰斯认为："成功的教学依赖于一种真诚的尊重和信任的师生关系，依赖于一种和谐安全的课堂气氛。"倘若当时教师好面子不顾及学生的要求，那学生会怎样看待教师？整天教导学生"言必行，行必果"，轮到教师犯错，制度、约束就不管用了，教师还有什么威信可言？在知识面前教师和学生是平等的，教师永远不能"仗势欺人"。

做法 B 中，多么富有创意的方法，学生的想象力真是不可估量！他们不仅从不同的角度思考问题，而且用多种方法解决了问题。而如此精彩的讨论和如此丰富的答案，源自于教师的抄题失误——少画了一个"口"，更源自于教师对失误的灵活处理——让学生帮老师改正。我们从中不难发现，学生帮助老师解决问题的过程也就是编写题目的过程，学生编写题目的过程也就是学生练习题目的过程，从而拓展了原来单一习题所不具有的知识和思维功能。

四、考试时，变教师设计为学生出题

活动现场 4

[做法 A]

复习课中的练习，既是让学生进一步巩固知识的过程，又是智力技能形成和发展的过程。一些基础知识的基本练习题，如果完全由教师供给，学生又可能产生"炒冷饭"的厌倦感。对此，我把由教师配备的"复习题"变成由学生准备的"考试题"，以学生之间互动的当场答题来代替练习。

具体做法是，学生在课前根据复习内容自编习题或试题，课中可以选择"得意之作"当众点将，让其他学生来解答，然后由这名学生评改；也可以与其他学生相互交换自编题，相互"考试"，相互批改，相互评析；教师还可以从中择优加工汇编成单元测试卷组织测试。

这种"礼尚往来"的练习形式深受学生欢迎，时间可以延伸至课后。这个过程中，教师只需把学生遗漏的一些知识编成习题进行补充练习，并且根据知识的生长点编写一些发展性习题或综合性习题进行提高练习。

[做法 B]

我常常让学生为我提供单元考试的试题，每人每种类型出一两道题，然后我告诉他们我会从这些题目中选择组合成一张单元试卷。于是乎，在接下来的时间里，学生就忙了起来，他们相互求教，把每一个同学出的题目都练习了一遍，后来的正式考试其实已经不重要了，因为他们早已经胸有成竹了。

同时，他们还非常想获知自己的题目有没有被老师选中，要知道，那对学生而言将是一种"中奖"的快乐与荣耀。此时，这种考试已经真正成为促进学生主动学习的一种手段了。

后来，看到学生为自己能替老师出谋划策出题而奔走相告的兴奋劲儿，我干脆把每一单元考一次分解成每一周考一次，由原来的90分钟缩短成10~15分钟，从而增加学生体验快乐的机会。另外，这一小型考试的微型试卷就完全由学生轮流出，每次只需要出2~4道填空题、2~4道计算题和2~4道应用题，因为题量少，所以出题者需要精选题目，做题者也不感觉疲劳。命题者出好题后由我审查，我主要是控制知识难度与把握知识分布，以保证试题的针对性和有效性。这种"短、平、快"的自主考试让学生不再害怕考试，而是盼望着每周的考试，也给了学生超越记录或者重新攀登的更多的选择。

活性分析

做法 A 中，给了我们复习课中练习设计的新思路，复习课中也可以有考试，这种"学生出题考学生"代替教师出题的考试，与原来那种一成不变的练习相比，多了一份互动，也多了一份自主；与原来那种一本正经的考试相比，多了一份互助，也多了一份自由。于是，如此复习中的考试式练习，学生会越做越想做。

做法 B 中，传统的考试都是在规定的时间内、在规定的场所中进行，并具有一定的规范和一定的规模。在这种大题量、多品种、长时间、严要求的考试中，学生普遍心理紧张，因为考试一般都是一次论英雄。

让学生高高兴兴地考试，一种做法是把试题由"师出"变成"生出"。其实学生出卷的过程，是搜集或自编试题的过程，也是一个很好的学习过程，首先他们要全面了解学习内容，其次要会解答搜集到的试题，还要明白这道题究竟要考查什么。

让学生高高兴兴地考试，另一种做法是把规模由"大考"变成"小考"。把平常总是"合"在一起考的题目分开，例如按题型分成几次考，或者在各种类型的试题中各选出几题分成几次考，最后把每次考的子成绩累计成为学生考试的总成绩。这样把一次大考分成几次小考，可以减轻学生考试的心理负担，也可以让学生有心理调整和复习调理的机会。

—— 活学活用 ——

在采用"学生出题"教学策略，以追求最终"不把学生教死"之良好教学效果的过程中，教师可以从以下几方面进行考虑。

活法1：提高学生"出镜率"

以学生为本的教学，应该顺应学生喜欢自我表现的本能，为学生展示自我风采牵线搭桥和铺路搭桥，提高学生的"出镜率"。对此，教师常用的做法是让学生"自己能做的事情自己做"，对学生自己能学会的知识，教师少讲甚至不讲，而多让学生讲给老师听或讲给同学听。

除此之外，教师甚至还可以把原本要自己出的题或教材上的题，也放权给学生出，并出面给同学甚至老师做。学生在编写题目、解答题目、批改题目过程中的心理反应是，首先是很"要面子"，尽量编好自己的题目，然后是希望老师和同学能"给面子"，自己出的题目被大家关注，最后是很想"有面子"，盼望老师和同学能对自己出的题目给予好的评价。

例如"活动现场1"的做法B中，当发现学生对做教材上的题有一种消极情绪时，教师就及时转变做题方式，让学生出题考老师。学生变成了"老师"，老师变成了"学生"，角色置换后的新鲜体验促使学生跃跃欲试，纷纷拿出自己的看家本领，都想出面"整整"老师和"难难"老师，学生在热情洋溢和热血沸腾中替教师出了好多题，当然也在出题和改题过程中不知不觉地练了好多题。

又如"活动现场2"的做法B和"活动现场3"的做法B中，有时教师不必准备得很充分，只需要为学生提供一个小小的知识"入口"，然后让学生"出演"主角，学生完全有能力由此"导演"出教师想复习的知识，还可能"导演"出教师许多想不到的效果；有时教师准备不充分，出现一些抄错题目之类的失误，此时也可以让学生"出手"相助，帮教师修改题目，学生完全有能力由此"妙手"出教师想要的题目，还可能"妙手"出教师许多想不到的题目。

活法2：提高学生"出名率"

学生都喜欢崭露头角，在学习中露一脸和露一手，希望能够"出名"，过一把学习的"明星瘾"。前面讲提高学生的"出镜率"，无疑也在提高着学生的"出名率"，学生表现自己的机会越多，张扬自己"名气"的机会也就越多。

所以，聪明的教师在需要学生表现的时候，并不会像有些教师那样图省口喊"你来"、"后面的一个"或"穿红衣服的那个女同学"等泛泛的称呼,而会呼出学生的姓名,甚至省略其姓只称呼其名,这样在态度上显得更真诚,在语气上显得更亲切,如此情况下教师就可以使用请起的手势。在学生看来,老师能够熟练地叫出自己的名字,说明老师平时一直很关注和很看重自己,相反,如果用手指代替点名,只会让学生感到一种距离与冷漠。所以,当一个教师新接一个班级后,首要的任务应该是能够在最短的时间内熟悉学生的名字,这是与学生直接建立良好感情基础最容易做到的事情。

另外,像"活动现场4"的做法B中,教师利用学生出题来置办或置换考题,也是提高学生"出名率"的一种很好的做法。教师可以让学生独自出题,也可以让小组合作出题,甚至让家长参与出题,教师在此基础上进行整合,一经录用,不妨在试卷题目前打上"××同学(家长)供题"或"××学习小组供题",这样做就可能会出现明显的"名显"效应,让学生看到自己榜上有名,心中自然会涌起温暖和荣耀的心理感受。

活法3:提高学生"出线率"

提高学生的"出镜率"和"出名率",只是调动了学生一时参与活动的积极性,如果要维持学生长久参与活动的积极"心",教师就必须提高学生的"出线率",一是让学生尽可能多地获得学习的成功,二是让尽可能多的学生获得学习的成功。学生唯有体验到学习的成功,才能体会到学习的快乐,也才会体察到学习的价值,进而认识到自己的价值,如此深层的价值观是促使学生继续想"出镜"和继续想"出名"的内在动力。

要提高学生的"出线率",教师应该实施分层教学,给不同的学生回答不同的问题,给不同的学生设计不同的活动,给不同的学生提供不同的指导,给不同的学生进行不同的评价,给不同的学生布置不同的练习,给不同的学生组织不同的考试,从而给不同学生不同的水平线,让不同的学生都能得到不同的表现,让不同的学生都能得到不同的发展,让不同的学生都能得到不同的成功。

在考试中,不同的学生心中会有着不同的水平线。当一些学生的考试成绩不理想时,没有发挥出应有水平时,他们都渴望能有一次弥补的机会。对此,教师可以改变"一考定成绩"的思想观念,给学生重考的机会,从而提高学生的"出线率"。其中,为了照顾"失败"学生补考时能不失"面子",教师不妨把原本对部分学生的补考改头换面成对全体学生的加考,让其他学生也有重考的机会。教师可以告诉学生这是让他们"刷新"成绩纪录而特意破例增加的考试机会，没有考好的能有机会考好，已经考好的能有机会考得更好，此时学生普遍会珍惜这一难得的机会，满怀希望和感激之心重新考试。这样的考试，不再只是甄别学生学习水平高低的一种目的，而更多地成了促进和激励学生学习的一种手段。

12. 学生：对知识间的联系、联络、联动常缺乏热情，该怎么办？——

教师：让学生"念念"不忘知识

在教学中，任何知识块都会被分解成一个个知识点，这些知识点大多集中在一个单元教材中，而有些容量大、跨度大的知识则分散在几个单元教材甚至几册教材中。这些知识点之间有着千丝万缕的联系，教师不能孤立地看待这些知识的教学，尽管它们呈现的时间有长短、安排的顺序有先后、打造的分量有轻重，都应该努力还原出知识的整体面貌，逐步给学生一个完整的认识。

对此，联系、联络、联动知识常用的手法就是教学的呼应。环节上的上下呼应可以很好地起到帮助学生理解知识的作用，应用上的首尾呼应可以很好地起到帮助学生求解知识的作用，课时上的今明呼应可以很好地起到帮助学生预解知识的作用，年段上的高低呼应可以很好地起到帮助学生"溶解"知识的作用。

一、在环节上，上下呼应

活动现场 1 数学·"平行与相交"

[做法 A]

"平行与相交"一课，在学生认识了平行现象后，教师安排了"自由做平行线"→"规范画平行线"的教学活动。许多教师仅仅把"自由做平行线"这一教学活动定位于"在操作中直观感知平行线的特征"，把它作为下一教学活动"规范画平行线"进行之前的"热身"运动，由此结果就是开了"两会"：一个"展览会"——展示学生的制作作品；一个"视察会"——判断学生的作品是否符合要求。"会议"匆匆结束，教师立即进行"规范画平行线"的教学，因为教师知道这是教学的重点，而前面"做平行线"的活动似乎只是一种点缀，充其量只是"活动活动"。

[做法 B]

我在"做平行线"教学活动的展示过程中，一是抓住学生作品中产生的偏差：用小棒摆的平行线、自己画的平行线难以标准化、精确化等问题，二是抓住学生作品中产生的局限：沿着直尺上下两边描下的平行线存在着平行线之间宽度固定的限制、利用方格纸或点图画出的平行线存在着位置固定的限制等问题，从而让学生产生要知道"怎样可以随心所欲地画平行线"的需要，由此"分娩"画平行线的普适性方法就非常自然，成为学生学习的一种"新"的、更是"心"的追求。

另外，在"画平行线"这一具体活动的教学中，我没有忘记学生向往的缘由——画一条任意的平行线，时时处处牵挂学生"过去"的心情，通过在画平行线的规范操作中添加一些动作来突出该方法的优越性，例如把尺平移不同距离可以画宽度不同的平行线、把尺向下平移或向上平移突出画法自由、把尺放置任意位置可以画位置不同的平行线等，从而使学生"心悦诚服"，乐意接受这种画平行线的一般方法。

活性分析

做法 A 中，知识的传授需要通过教学活动来完成使命，所以教学活动的设计都体现着一定的教学目标。但是，教师在研究教学活动的设计用意的过程中，有时只是漂浮于活动的一些显性的子目标，就事论事，难以看到各个子目标之间的关联，于是就会造成活动与活动之间的独立与割裂。如果只把"做平行线"看做"画平行线"教学活动的附属品，那么教师就会持一种轻描淡写甚至是敷衍应付的态度，把"做平行线"仅仅看做是一种动手"操作"活动，而不会上升到一种思维"操作"活动。

做法 B 中，教师清醒地看到"做平行线"与"画平行线"这两个活动之间承上启下的紧密关系，然后在教学中努力使它们产生"关系"——把"做平行线"活动的教学目标定位在"遇到难处"，把"画平行线"活动的教学目标定位在"解决难处"，让前期活动与后期活动能够"唇齿相依"，并让学生在上下呼应的教学策略中清楚地看到它们之间的这种"关系"。

二、在应用上，首尾呼应

活动现场2 数学·"找规律"

[做法 A]

课首：游戏导入。

师："我们来做一个猜图形游戏，好吗？猜一猜第一个是什么图形？"（学生乱猜）

师（多媒体出示一个正方形）："接下来会是个什么图形呢？"（学生还是乱猜）

师继续问（接着出示一个圆形）："接下来会是什么图形呢？"（学生仍然只能乱猜）

教师再出示一个三角形，继续让学生猜，学生还是猜不准。接着出示正方形后让学生猜接下来会是什么图形？学生都能猜是圆形，发现了其中有着规律。

[做法B]（提供：阮志强）

课首：激趣导入，感知规律。

师："同学们，咱们先来个男生、女生快速记忆比赛，怎么样？准备，开始！"（计算机快速出题：男生"1827"，女生"0566"。男生和女生齐答）

师："好的，旗鼓相当。加大难度。"（计算机快速出题：男生"182736455463"，女生"056605660566"）

师："记完举手！"

女生（女生人数多）："哎呀，男女人数悬殊咋这么大呢？"

男生："不公平！女生记的数字有规律，只要记住'0566'，然后重复3次。"

师："看来，要赢得比赛不光要靠我们的记忆力，发现规律也尤为重要。其实像这样有规律的现象在我们身边还有很多，这节课咱们就一起来学习找规律。"

……

课尾：首尾呼应，升华规律。

师："还记得开头的那场记忆比赛吗？其实呀，认真观察，换个角度思考，男同学的记数内容也是有规律的。瞧！两位两位地看，'18'、'27'、'36'、'45'…大家发现规律了吗？"

生："依次是2×9、3×9、4×9、5×9…"

师："看似杂乱无章的数字换个角度观察思考，规律竟如此清晰可见，正如数学家坦普·倍尔的名言：数学的伟大使命在于从混沌中发现秩序。"

活性分析

做法A中，找规律重在引导学生经历探索规律的过程，在找规律的过程中发展数学思考，形成对规律的自主认识和体验。在导入时，教师首先用多媒体设计了让学生猜图形的游戏，由无序地猜到有序地猜到正确无误地猜，逐步感受到物体排列的规律性。这样的导入虽然能够起到引出知识的功能，但在这儿的作用仅仅是一种导入，引出新知后也就完成了它的教学使命，到一节课结束时学生可能已经把这一环节淡忘甚至遗忘。

做法 B 中，课首教师通过男生、女生快速记忆比赛，唤起学生对"规律"的有意注意，形成良好的学习心向。快速记忆比赛的形式激活了学生的学习情趣，为新课的学习埋下伏笔，这是课首与课中的第一次呼应。

第二次呼应是课尾与课首的首尾呼应，教师指导学生发现男生记数内容中隐藏着的规律，擦亮了学生的眼睛，展现了规律世界的神奇和换个角度思考问题的别样魅力，同时也是对所学规律的知识拓展。这样的首尾呼应，触发了学生对"往事"的回忆，也给一节课画上了一个圆满的句号，给学生的学习一种整体感。

三、在课时上，今明呼应

活动现场3 数学·"面积的认识"

[做法 A]

一位教师在"面积的认识"一课的课尾进行了这样的全课总结。

师："同学们，通过这节课我们学到了什么？"

生1："我知道了什么叫面积。面积就是物体表面或围成的平面图形的大小。"

生2："我知道用各种方法进行面积大小的比较，主要有重叠法、观察法、剪拼法。"

生3："还有数格子的方法。"

师："同学们学得很好。下课！"

[做法 B]

另一位教师在"面积的认识"一课的课尾，在让学生说说学习收获的全课总结后，又加了这样一个"尾巴"。

师："最后我们来做个游戏。男生看的时候，女生不能看；女生看的时候，男生不能看。现在，男生闭眼，女生看。"（出示一个长方形的硬纸板正面）"这个图形有多少格？"（女生齐答：6 格）"现在，女生闭眼，男生看。"（老师出示同一个长方形硬纸板的反面）"这个图形有多少格？"（男生齐答：24 格）

师（把长方形硬纸板正反交替慢慢翻转）："请男生和女生同时看，现在请大家想想，谁看到的图形大？"

生齐答："一样大。"

师："为什么用数格子的方法不能比较大小呢？到底哪种比较面积大小的方法是最科学的呢？我们下节课将继续学习，来解决这个问题。今天的课就学到这里，下课！"（虽然下课了，学生们有的还在沉思，有的小声议论着，有的在翻看下一节教材……）

活性分析

做法 A 中，让学生说说学习收获，这是在全课即将结束时，教师经常使用的总结方法。这样总结的弊病，一是比较单调，学生缺乏兴致；二是容易走过场，很多情况下学生只需要根据教师的板书照"板"宣读即可，把所学知识简单罗列一下，不必过多费心地进行知识的整理，所以这样的总结更多地是一种形式和应景。

做法 B 中，在课尾，教师通过分男女学生先看后看的方式添加了一个游戏活动，既复习了本节课所教的面积知识，又蕴伏了下一节课要教的面积单位知识。学生在富有戏剧性的游戏效果中产生了知识上的疑惑，就可能会促使学生去思考、讨论和预习教材。等到明天教学面积单位的时候，教师完全可以用今天这节课的结尾作为明天那节课的开头，在今明呼应中的流畅中和学生的充分准备中直入"虎穴"，快速地进入新知教学。教师经常进行这样延伸式的全课总结，可以促使学生逐步养成抓住知识的发展线索自学或自探新知识的良好学习习惯。

四、在年段上，高低呼应

活动现场4 数学·"统计"

[做法 A]

一年级的"统计"一课，教学的认知目标是让学生学会用符号来记录所统计的事物。为了防止学生依然使用之前学过的"排一排、数一数"的简单方法来统计，一位教师变换统计的材料，把教材上提供的让学生统计各种形状的学具改成了让每组 4 名小朋友围在一起抛一个正方体，要求学生一边抛一边统计每个面朝上的次数各是多少，从而迫使学生只能采用记录的方法进行统计。

[做法 B]（提供：王俊）

另一位教师在教学"统计"一课时，让每组 4 名小朋友围在一起抛一个长方体。长方体按照面的大小不同，涂成了红、黄、蓝 3 种颜色，要求学生一边抛一边统计每种颜色朝上的次数各是多少。

活性分析

做法 A 中，教师在教学这一内容时，如果把原来教材上统计各种学具多少的静态情境改成抛东西统计面朝上次数的动态情境，一般会设计学生常玩的、内容比较简单的抛硬币活动。而抛硬币活动的局限是，统计的项目只有硬币的正面和反面两种情况，项目显少了一些；如果是抛正方体，那么就要统计正方体 6 个面朝上的情况，项目又显多了一些。

做法 B 中，抛长方体要统计 3 种不同的面朝上的情况，与抛硬币和抛正方体相比，项目数恰到好处。其中，更为关键的是抛长方体还有着更为独特的教学功能，学生统计出来的结果，也就是红面、黄面、蓝面朝上的次数，肯定会有差距。一般来说，红面朝上次数最多，黄面其次，蓝面最少，这就涉及概率的知识，暗示着可能性是有大小的；而为什么不同颜色的面朝上的次数有差别呢？那是因为红面最大，黄面其次，蓝面最小，这又涉及长方体特征的知识。这样，一个低年级所进行的简单的统计活动，却隐含和牵连着非常深刻的教学内容，与学生到高年级后才学习的"可能性的大小"的"内科"（本领域）知识教学和"长方体的认识"的"外科"（外领域）知识教学遥相呼应。

—— **活学活用** ——

在采用"念念不忘"教学策略，以追求最终"不把学生教死"之良好教学效果的过程中，教师可以从以下几方面进行考虑。

活法 1：让学生"思念"知识

理想的教学应该能够让学生思念知识，对知识学习念念不忘，有一种明确的学习心向和主动的学习心态，把学习视为体现自身价值的机会和体验成功快乐的过程，这样的学生就不会害怕学习。

要让学生能够时时思念知识，教师就需要在教学的每一个环节都能挂钩知识，特别在知识学习的导入之时，虽然教学尚处于知识的"外围"，学习味还不十分浓厚，但可以提早埋下知识的种子和打下知识的伏笔，让学生能够早早地、隐隐地、慢慢地看到知识的影子和嗅到知识的气息。这种铺垫式和蕴伏式的教学导入，一是可以让学生在正式接触新知识时不会感到"突然"和"意外"，二是可以诱导学生自己"思念"出新知识。

例如"活动现场1"的做法B中，如果教师把"做平行线"活动和"画平行线"活动看做"并联"关系，那么教学这两个环节时就会各自为政、彼此分裂，学生在"做平行线"时不会思念之后的"画平行线"，在"画平行线"时也不会思念之前的"做平行线"；如果教师把"做平行线"活动和"画平行线"活动看做"串联"关系，那么前一活动就是后一活动的导入和引子，突出"做平行线"活动中的局限性，引导学生思考普适性方法，由此导引出"画平行线"活动，这样的过渡顺应了学生求解的需要，新知识的推出就比较自然。

除了上述问题化导入之外，教学中比较常用的还有课首的趣味性导入。也就是教师创设一个寓知于趣的情境，引导学生由情境之"景象"思念出情境之"意象"，最终思念出情境之中蕴涵的知识之"形象"，这是一条从"情境化"到"问题化"到"概念化"的逐步抽象之路，这样的过渡顺应了学生求知的需要，新知识的推出就比较顺畅。

例如一位教师在教学"认识平行"一课中的"同一平面"知识时，出示了一个长方体问学生："它的面可以看做平面吗？这个平面上写了一个字，是什么？"（"无"字）然后转动长方体，问学生："'无始无终'这几个字分别写在了——"（不同的平面上）最后展开长方体（如上图），问学生："如果是这样呢？"从而抽取出"同一平面"概念。接着，教师借词导入："'无始无终'其实是一条谜语，是我们最近学过的哪一种图形？"从而引出直线以及两条直线在同一平面内的位置关系，最终抽象出相交与平行知识。在这一逐步走向知识的过程中，长方体的摆弄、成语的使用成了过渡的道具和代言，让学生在"有情"中感到"有义"。

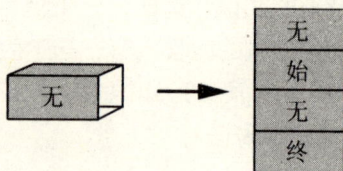

活法2：让学生"挂念"知识

1927年，德国心理学家蔡格尼克做过一个实验：给予32名被试者22种不同的任务，允许半数完成工作，半数则中途加以阻止，不予完成。允许完成和不允许完成任务的出现是随机排列的。做完实验后，蔡格尼克让被试者回忆刚才做了些什么任务。结果未完成的任务平均被回忆起68%，完成的任务平均被回忆起43%。由此得出这样的结论：人们对于未完成任务的记忆比已经完成任务的记忆保持得更好。这种现象被称为"蔡格尼克效应"。

为什么未完成工作的回忆量优于已完成的工作？根据蔡格尼克的解释，

这只能用心理的紧张系统是否得到解除来加以说明。因为，人们对于已完成工作的心理紧张系统已经解除，因而回忆量少，而未完成的工作所引起的心理紧张系统还没有得到解除，因而回忆量较多。显然，"蔡格尼克效应"反映了人天生对没有完成的事情存在着使之完成的"情结"。正是这种"完成情结"驱动着人们能够有始有终地将一件件事情完成，同时为悬而未决的事情忧心忡忡，对不得已半途而废的事情念念不忘。这便可以解释为什么有些学生对于自己做错的题目会记得非常清楚；而有些学生在学习中遇到许多困难，反而越挫越勇；还有一些学生在解答复杂的理科题目时，希望他人给予提示而不是直接告诉答案。

由此可见，要让学生学得更好、记得更牢，有时教学任务不能一气呵成，教学目标不能一步达成，让学生一下子就"过去"或一下子就"过关"。教师应该给教学留下一些"空白"，使教学内容或教学任务较长时间处在"未完成时态"，不急于让学生快速解决问题或全部解决问题，或许就能产生"蔡格尼克效应"。

问题挂多久，学生就会挂念多久。其中，一种情形是课一开始就把问题一直挂在那里，让学生心有牵挂，学生之后的学习就会有解决这个问题的欲望，时间越长，欲望越强，学习也就有了目标和动力。

例如一位教师在教学"可能性"时，课首创设了一个"阿凡提抛金币"的故事悬念："巴依老爷要求阿凡提把袋中所有的金币往上一抛，落下后必须个个都是正面朝上，阿凡提能解决这个难题吗？"学生都认为"不能"后，教师就把"阿凡提却能"的方法问题挂在那里，等课中新授结束后，才重新回到这个情境，让学生联系这节课的知识想一想"要使金币落下后个个都是正面朝上，除非这些金币没有什么？"从而揭开谜底——阿凡提将金币的两个反面互相黏住。在整节课的学习过程中，学生会时时挂念着那个问题，并不断尝试用学到的知识解决这个问题，直至最后教师揭开谜底。

另一种情形是课的最后才回到课的开始，挂出问题，让学生回首"往事"，当学生发现"往事"中的"故事"之后，心中自然会涌起一种拨云见日的恍然大悟。

例如"活动现场2"的做法B中，教师给男生的数字"182736455463"时一开始并没有给学生点明其中隐藏的规律，因为这不是本节课要研究的规律特征，也就是教师对其中存在的"问题"一直深藏不露。等到全课结束时，教师才首尾呼应，点出了其中的"问题"，刷新了学生原有的认识，同时也延伸了教学内容。

其实，"活动现场2"的做法A所采用的教学手法，还可以在时间上更早地让学生"挂念"。例如教师在教学这一内容之前的一个星期，第一天在黑板的上方画一个正方形，学生觉得奇怪；第二天在正方形后面接着画一个圆形，学生感到疑惑；第三天在圆形后面接着画一个三角形，学生依然不解；第四天在三角形后面接着画一个正方形，学生有所感觉；第五天在正方形后面接着画一个圆形时，学生终于确定，发现了其中存在的规律，由此推断出接下去画的图形。当正式上这一课时，教师就可由此导入，学生就会有话可说。

教学中首尾呼应的教学策略，能够让学生在"旧事重提"中对知识产生"别后重逢"的欣喜。经过一节课的牵挂，不仅酝酿着情感的发生，而且酝酿着知识的发展，最终学生解决问题的欲念会愈加强烈，学生研究问题的能力会愈加高明，学生记忆问题的印象会愈加深刻。

而像"活动现场3"做法B那种在课尾提出一个与下节课有关的问题，引导学生在思索中搜索知识，可以算是原本一节课内首尾呼应在更大范围的应用，变成上一节课的课尾与下一节课的课首形成隔日的首尾呼应，这样的"挂念"既可以促使学生主动预习知识，也使下一节课的导入有了很好的衔接。

"活动现场3"做法B属于不同层次知识之间的呼应，还有一种情形属于同一层次不同方面知识之间的呼应。例如教学"除数是两位数的除法"笔算知识后，在课的结尾，一位教师提出了这样的问题："进行除数是两位数的除法计算时，一般按'四舍五入'法把除数看做整十数进行计算比较简便，也就是除数的个位上的数是1、2、3的，通常用'四舍法'把除数看做整十数来试商；除数个位上的数是7、8、9的，一般用'五入法'把除数看做整十数试商。如果除数个位上的数是4、5、6的，用什么方法来试商比较简便呢？"这个问题是下节课的教学内容，在前一节课的结束时间提出问题，不但预示了下一节课的教学重点，对学生的预习有一定的指向作用，而且使前后两节课过渡自然，衔接巧妙，做到了讲授内容前后呼应。

活法3：让学生"怀念"知识

有些知识的发展需要一定的阶段和周期，并非所有的后继知识都在随后的教材中体现，它可能要等学生升"级"后才会"升级"出现。例如本学期学习的知识，可能要到下学期才会学习它的"续集"，甚至低年级学习的知识，它的"提高版"可能要到高年级才会继续学习。由于这种知识发展的"隐伏"时间比较长，所以更容易造成教师教学的"短视"现象，不会用长远的眼光审视现在的知识和提升现在的教学。

理想的教学应该是把每个知识点都能放在整个知识链之中，当学生学到每个知识节点时，都能引出以前学过的相关知识经验，例如学到"加法交换律"时，学生就会回想起以前做加法验算时已经在无形中使用过这一规律，这种知识的"怀念"可以有效促进知识的建构。

在教学中，教师应该具备整体意识和全局观念，清楚地晓得知识发展的来龙去脉和前因后果，在教学低级知识时能够自觉渗透以后的高级知识，可能学生当时不会有清晰的感觉和明显的反应，但以后学习高级知识时，就可能会油然而生一种似曾相识的感觉，勾起学生对旧知的"怀念"，从而领会教师当时的一番好心与好意。

例如一年级有一节课"认图形"，其中要求学生摆三角形。一般教师会给学生发放正好可以摆出三角形的 3 根小棒，而另一位教师却发给学生 4 根长短不同的小棒，让学生从中任意挑选 3 根小棒围成一个三角形，结果学生发现并不是任意的 3 根小棒都可以围成三角形。前一种教法，学生用老师提供的 3 根小棒可以不加思考地直接摆出一个三角形，其中学生只是扮演了少有知识含量的操作工。而后一种教法，学生从 4 根小棒中选 3 根来摆三角形，搭配的方法促使学生经历了观察、比较、尝试，有了更多的数学思考，也为以后才学的三角形的三边关系作了潜伏式呼应，以后学到"三角形的三边关系"时自然会对之前的这一活动有所"怀念"。

我们说，知识的渗透无处不在，也无处不能，它甚至可以不"播种"在自家的园地里生根，而"嫁接"到其他知识领地中发芽。例如"活动现场4"的做法 B 中，教师改变教具的目的并不仅仅为了有助于本课教学，还能有利于以后本领域"可能性"知识的学习，还有利于以后非本领域"长方体"知识的学习。等到高年级学习"可能性的大小"和"长方体的认识"时，学生自然会"怀念"起低年级学习"统计"时经历的这一个让人感到好玩但又让人感到好奇的活动，此时才会真正明白"长方体的特征影响着可能性的大小，而可能性的大小又影响着统计的结果"这一深层次的因果关系。

摆渡者教师书架（现已出版部分）

丛书名称	主编或作者	书　名	定价(元)
大师背影书系	张圣华	《陶行知教育名篇》	24.90
		《陶行知名篇精选》(教师版)	16.80
		《朱自清语文教学经验》	15.80
		《夏丏尊教育名篇》	16.00
		《作文入门》	11.80
		《文章作法》	11.80
		《蔡元培教育名篇》	19.80
		《叶圣陶教育名篇》	17.80
教育寻根丛书	张圣华	《中国人的教育智慧·经典家训版》	49.80
		《过去的教师》	32.80
		《追寻近代教育大师》	29.80
		《中国大教育家》	22.80
杜威教育丛书	单中惠	《杜威教育名篇》	19.80
		《杜威学校》	25.80
		《杜威在华教育讲演》	29.80
班主任工作创新丛书	杨九俊	《班集体问题诊断与建设方略》	19.80
		《班主任教育艺术》	22.80
		《班级活动设计与组织实施》	23.80
新课程教学问题与解决丛书	杨九俊	《新课程教学组织策略与技术》	16.80
		《新课程教学现场与教学细节》	15.00
		《新课程备课新思维》	16.80
		《新课程教学评价方法与设计》	16.80
		《新课程说课、听课与评课》	16.80
新课程课堂诊断丛书	杨九俊	《小学语文课堂诊断》(修订版)	18.60
		《小学数学课堂诊断》(修订版)	18.60
		《小学综合实践活动课堂诊断》	23.60
		《小学品德与生活(品德与社会)课堂诊断》	22.80
名师经验丛书	肖　川	《名师备课经验》(语文卷)	25.80
		《名师备课经验》(数学卷)	25.60
		《名师作业设计经验》(语文卷)	25.00
		《名师作业设计经验》(数学卷)	25.00
个性化经验丛书	华应龙	《个性化作业设计经验》(数学卷)	19.80
		《个性化备课经验》(数学卷)	23.80
	于永正	《个性化作业设计经验》(语文卷)	20.60
		《个性化备课经验》(语文卷)	23.00

丛书名称	主编或作者	书　名	定价(元)
深度课堂丛书	《人民教育》编辑部	《小学语文模块备课》	18.00
		《小学数学创新性备课》	18.60
课堂新技巧丛书	郑金洲	《课堂掌控艺术》	17.80
课改新发现丛书	郑金洲	《课改新课型》	19.80
		《学习中的创造》	19.80
		《多彩的学生评价》	26.00
教师成长锦囊丛书	郑金洲	《教师反思的方法》	15.80
校本教研亮点丛书	胡庆芳	《捕捉教师智慧——教师成长档案袋》	19.80
		《校本教研实践创新》	16.80
		《校本教研制度创新》	19.80
		《精彩课堂的预设与生成》	18.00
		《让孩子灵性成长:青少年野外活动教育创新》	20.00
		《联片教研模式创新:一题一课一报告》	23.00
美国教育新干线丛书	胡庆芳	《美国学生课外作业集锦》	35.80
美国中小学读写教学指导译丛	胡庆芳　程可拉	《教会学生记忆》	22.50
		《教会学生写作》	22.50
		《教会学生阅读:方法篇》	25.00
		《教会学生阅读:策略篇》	24.80
提升教师专业实践力译丛	胡庆芳　程可拉	《创造有活力的学校》	22.50
		《有效的课堂管理手册》	24.00
		《有效的课堂教学手册》	32.80
		《有效的课堂指导手册》	24.80
		《有效的教师领导手册》	25.80
		《提升专业实践力:教学的框架》	30.80
		《优化测试,优化教学》	22.50
		《有效的课堂评价手册》	26.80
中小学教师智慧锦囊丛书	费希尔	《初为人师:教你100招》	16.00
	奥勒顿	《把复杂问题变简单——数学教学100招》	17.00
	格里菲思	《精彩的语言教学游戏》	17.00
	墨菲	《历史教学之巧》	18.00
	沃特金　阿伦菲尔特	《100个常用教学技巧》	16.00
	扬	《管理学生行为的有效办法》	16.00
	鲍凯特	《让学生突然变聪明》	17.00
	库兹	《事半功倍教英语》	17.00
	鲍凯特	《这样一想就明白——100招教会思考》	17.00
	海恩斯	《作文教学的100个绝招》	15.00
教育心理	俞国良　宋振韶	《现代教师心理健康教育》	25.80

丛书名称	主编或作者	书 名	定价(元)
教师在研训中成长丛书	胡庆芳　林相标	《校本培训创新:青年教师的视角》	21.80
		《教师专业发展:专长的视野》	21.60
		《听诊英语课堂:教学改进的范例》	31.60
		《提升教师教学实施能力》	22.00
中小学课堂教学改进丛书	胡庆芳　王　洁	《改进英语课堂》	32.80
		《改进科学课堂》	26.00
		《改进语文课堂》	28.00
其他单行本	胡庆芳	《美国教育360度》	15.80
	徐建敏管锡基	《教师科研有问必答》	19.80
	杨桂青	《英美精彩课堂》	17.80
	陶继新	《教育先锋者档案》(教师版)	16.80
	单中惠	《西方教育思想史》	59.80
	孙汉洲	《孔子教做人》	27.90
	丰子恺	《教师日记》	24.80
	陶　林	《家有小豆豆》	27.00
	徐　洁	《教师的心灵温度》	26.50
	赵　徽荆秀红	《解密高效课堂》	27.00
	赖配根	《新经典课堂》	29.00
	严育洪	《这样教书不累人》	27.00
	管锡基	《中小学综合实践活动课程资源包》	39.80
	孟繁华	《赏识你的学生》	29.80
	申屠待旦	《教育新概念——教师成长的密码》	27.00

　　"新课程教学问题与解决丛书"荣获第七届全国高校出版社优秀畅销书一等奖!

　　《陶行知教育名篇》荣获第八届全国高校出版社优秀畅销书一等奖!

　　"大师背影书系"荣获第八届全国高校出版社优秀畅销书二等奖!

　　《名师作业设计经验》(语文卷)、《名师作业设计经验》(数学卷)、《名师备课经验》(语文卷)荣获第17届上海市中小学幼儿园优秀图书三等奖!

　　《西方教育思想史》荣获全国第二届教育科学优秀成果二等奖(1999)!

　　在2006年全国教师教育优秀课程资源评审中,"新课程教学问题与解决丛书"中的《新课程教学组织策略与技术》《新课程教学现场与教学细节》《新课程备课新思维》和《新课程说课、听课与评课》被认定为新课程通识课推荐使用课程资源,《陶行知教育名篇》被认定为新课程公共教育学推荐使用课程资源,《课改新课型》被认定为新课程通识课优秀课程资源,《小学语文课堂诊断》被认定为新课程语文课优秀课程资源,《小学数学课堂诊断》被认定为新课程数学课推荐使用课程资源!